切ったら絵が出る

ちいさなべこもち

下北半島のおばあちゃんに
教わった素朴なおやつ
郷土の柄から
かわいいアレンジまで

デコもち認定講座プロデューサー
秋山直美

はじめに

　切ると絵が出る「デコずし」や「アートパン」のインストラクターをしていて、2015年の夏、青森の郷土菓子である「べこもち」に出会いました。その素朴さ、模様の美しさに感動し、国内外に広めることができたらと、べこもちの本場である青森県むつ市大畑町の、畑中宏子さんと田向淳子さんを訪ね、直々に教えていただく機会を得ました。

　おふたりとも、温かく迎えてくださり、昔からの知恵や技を惜しみなく披露してくださいました。心からべこもちを愛し、後世に伝えたい、という熱い思いを感じることができました。

　その後、教えていただいた技術をもとにアレンジした、ちいさなべこもちを「デコもち」とネーミングし、より多くの方に広く親しんで頂けるように講座を作ることになりました。

　作る楽しさ、切って絵が出た時の感動、食べるおいしさ、そんな喜びを、家族やお友達と分かち合っていただけたらと思います。そして、デコもちの講座が広がることによって、べこもちの故郷のむつ市を訪れる人が増えたり、地元の活性化につながることを願っています。

　故郷のおばあちゃんの味が、地域や世代を越えて広がりますように。

秋山直美

畑中さん（右）と田向さん（左）は20年以上一緒にべこもちを作っている。

青森県むつ市の畑中宏子さん（右）と田向淳子さん（左）は、青森の郷土菓子べこもちの伝統的な作り方を伝える第一人者です。自家製のうるち米ともち米をブレンドした米粉を、1回に1kgは使う、大きなべこもちを作ります。主に端午の節句や法事のお供えとして作られ、近所にふるまわれます。一緒にべこもちを作って20年以上というおふたりは、作業の息もぴったり。美しい模様を手際よく作り出していきます。　→詳しくは、86ページへ

青森のおばあちゃんが作る 伝統のべこもち

1 伝統柄「松」。幹や枝の迫力がすばらしい。
2 畑中宏子さん
3 田向淳子さん
4 同じく伝統柄の「小菊」。色合いも美しく、表現が細やか。

004

1 ちいさなべこもち「デコもち」は、かわいいワンポイント柄が多数。
2+3+4 伝統柄の「松」を簡単に作れるようにアレンジ。基本的な技法は変わらないが、葉の数を減らすなど工程を簡略化している。
5 「小菊」も作りやすくアレンジ。
6 「女の子」。こんな可愛い模様も。

本書で紹介する
ちいさなべこもち
デコもち

おばあちゃんに教わったべこもちを、家庭でも簡単に作れるようにアレンジしたのが、本書のちいさなべこもち「デコもち」です。扱いやすい市販のだんご粉を使い、模様もなるべくシンプルに工夫しました。伝統柄をアレンジしたもののほかに、子どもたちも一緒に楽しめるよう、動物や果物などの楽しい柄もたくさんデザインしました。青森のおばあちゃんの素朴な味を、ぜひ家庭で楽しんでいただければと思います。

7 日本の伝統柄「四海巻き」もポップな色合いで切った時の感動は、デコもちの楽しみ。
8 著者。実際に青森でべこもちの作り方を習い、「デコもち」にアレンジして伝えている。

はじめに 3
青森のおばあちゃんが作る　伝統のべこもち 4
本書で紹介するちいさなべこもち　デコもち 5

目次

第1章　作り方の基本 9
　ちいさなべこもち「デコもち」の作り方 10
　用意するもの 11
　基本の生地の作り方 12
　生地を分割して、着色をする 13
　基本のパーツの作り方 14

第2章　花のべこもち 17
　ちいさな花 18
　バラ 22
　桜 24
　朝顔 26
　チューリップ 28
　小菊 30

◆ ちいさなべこもち　楽しみ方のヒント
　ティータイム 32

第3章　フルーツのべこもち 33

　オレンジ 35
　ぶどう 36
　りんご 38
　すいか 40
　さくらんぼ 42

◆ ちいさなべこもち　楽しみ方のヒント
　フルーツポンチ 45
　プチギフト 46

第4章 シンプルで作りやすい柄 47

市松模様 48

丸太 50

四海巻 52

レインボー 55

ハート 56

第5章 動物のべこもち 59

うさぎ 62

かたつむり 64

パンダ 66

ペンギン 68

てんとう虫 70

◆ ちいさなべこもち 楽しみ方のヒント
子どものパーティー 72

第6章 子どもが喜ぶ柄 73

キャンディ 74

クルマ 78

ケーキ 80

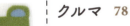
女の子 82

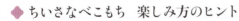
◆ ちいさなべこもち 楽しみ方のヒント
お弁当 84
チョコフォンデュ 85

青森・下北半島のおばあちゃんの味
べこもちの故郷を訪ねて 86

第7章 四季の行事を楽しむ柄 93

祝い文字 94

松 96

鏡もち 98

富士山 102

ひな祭り 104

こいのぼり 106

ハロウィン 110

サンタクロース 112

クリスマスツリー 114

プレゼント 116

◆ ちいさなべこもち 楽しみ方のヒント

クリスマスの鍋 118

カうどん 119

お雑煮 120

ひな祭りのお吸い物 121

ハロウィン 122

おしるこ 123

著者プロフィール 124
「デコもち認定講座」について 125
「デコもち認定講座」が学べる全国の教室一覧 126

本書について

・本書のデコもちの作品例は、生地の総量150〜400g、組み立て時の長さ（圧して伸ばす前）は約8cmで制作しています。
・だんご粉はメーカーによって必要な水分量が微妙に異なる場合がありますので、掲載の量を基本とし、お好みで加減をしてください。
・作品名の下の★の数は難易度を示します。★が多い方が難易度が上がります。

第 1 章 作り方の基本

デコもちは、材料も作り方もとてもシンプル。
パーツの作り方や組み立て方も、
コツを覚えてしまえば、応用が簡単です。
デコもちの作り方の基本事項をご紹介します。

ちいさなべこもち「デコもち」の作り方

1 生地を作る

2 着色する

3 パーツを作る

4 組み立てる

家庭でも簡単に作れる「デコもち」の基本を紹介します。
材料も道具もシンプル。子どもでも楽しく作ることができます。
基本を覚えたら、色を変えたり、形をアレンジしたり、
オリジナルにもどんどん挑戦してください。

5 圧しながら伸ばす

6 切る

7 蒸して完成！

用意するもの

基本はキッチンにあるものを使えばOKです。分量や長さは大切ですので、1g単位で量れるスケールや、目盛りがついたカッティングシートがあると作業の効率が上がります。

❶**目盛り付きのカッティングシート** 長さを測りながら伸ばしたり、切れるので便利。❷**包丁** ペティナイフでもOK。❸**めん棒** 生地を伸ばしたり、成形をしたりするのに使う。❹**ラップフィルム** 組み立てた生地を圧して伸ばす時に便利。パーツが乾かないように保護することも。❺**ボウル** 生地を混ぜる時に使う。❻**スケッパー** 生地を切り分けたり、形を整える。❼**スケール**（1g単位で計れるもの） 生地の分量を量る。

だんご粉

本書では、市販の「だんご粉」を使って、生地を作ります。メーカーによって、同じ水加減でも柔らかさが違いますので、加減してください。砂糖は普通の白砂糖を使います。

着色料

着色は、市販の食用色素を使っています。赤はベニバナ、黄はクチナシなど、天然素材由来のものなので安心です。粉状や液状がありますが、本書では粉を使用。

その他

- 竹串、菜ばし（生地にくぼみをつける）
- ぬれ布巾（生地が乾かないように包む）
- 蒸し器
- ゴム手袋

1 基本の生地の作り方

だんご粉と砂糖に湯を加えて、よく練り上げます。
だんご粉250g、砂糖100g、熱湯125gの配合で、470〜500gの生地ができます。
耳たぶよりちょっと固い程度が目安です。

1 ボウルにだんご粉と砂糖を入れ、しっかりと混ぜ合わせる。

2 だんご粉の重さの½量の熱湯を注ぐ。

3 スケッパーで粉と熱湯を混ぜ合わせる。熱いのでやけどをしないように注意。

4 手で触れるぐらいに冷めたら、こね始める。ひとかたまりになり、手に生地がくっつかなくなる程度までこねる。

5 ボウルから出して、台の上で、生地の表面がなめらかになるまでこねる。

※だんご粉：熱湯：砂糖＝10：5：4で計算します。
※必要な生地の総量の、半量＋15〜20gのだんご粉を使用するのが目安です。
生地総量が250gならば、だんご粉約140g、熱湯70g、砂糖56gが目安になります。
※甘くない（砂糖を入れない）生地の場合も熱湯は同量の70gです（砂糖の保水効果がないので、乾きやすくなります）。
※作っている途中に水分が蒸発したり、季節によっても固さが変わりますので、湯の量は加減してください。

2 生地を分割して、着色をする

基本の白い生地を分割して、模様に必要な色を着色します。
g数をきちんと計ること、色ムラがないようによく混ぜることが
後の手間を省き、仕上がりもきれいになります。

1 色づけする生地の分量を計る。ここではP.18「基本の花」用のピンクにする65gを取る。

2 生地をつぶしてくぼみを作り、着色料を生地のくぼみに置く。

3 着色料がまんべんなく混ざるように、こねる。親指を生地に押し込むようにするとよい。

4 何度か折りたたむようにすると、混ざりやすい。

5 てのひらで押し付けるようにして軽く伸ばしながら、均一な色にする。

着色はコーヒーや野菜パウダーなどを使っても

食用色素のほかに、黒や茶色はコーヒーやココアの粉で着色してもOKです。また野菜パウダーも使えますが、生地の固さが変わること、味が変わること、もちが傷みやすくなることに注意して使ってください。

市販の野菜パウダー。かぼちゃ、紫いも、にんじんなどは使いやすい。

3 基本のパーツの作り方

どの模様も、基本のパーツの組み合わせからできあがります。
各ページで、わかりやすいように使用するパーツを並べていますが、
生地は乾燥しやすいので、パーツを作りながら組み立てていきます。

● 円柱を作る

完成

生地をまな板にのせて、手のひらで転がしながら伸ばしていく。幅が広がっていくので、指で軽く押さえながら成形する。この作業を何度か繰り返し、均等な太さの円柱にする。

半円にする
円柱を半分に切って、半円にする。

台形にする
半円の上部を指でつぶすようにして、台形を作る。

三角柱にする
半円を三等分して、三角柱のパーツを作る。

細い円柱を作る
人差し指を小さく前後の動かしながら、細く伸ばす。

▲ 三角柱を作る

❶ 底を押しつけながら作る

❷ 側面を指で押さえて作る

円柱か半円柱の上部を親指と人差し指でつまみ上げながら、指先でまな板に押しつけるようにして三角柱を作る。この時に、横幅が広がっていくので、空いている手の指で、反対側の生地の側面を押さえ、厚さが均等な三角柱にする。

円柱か半円柱の上部を軽くつぶし、片側を押さえつけるようにして辺を作り、三角柱にする。幅の調整は左記と同様。

■ 四角柱を作る

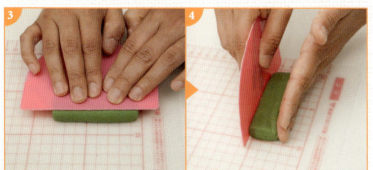

1 生地をまな板の上で、必要な幅の円柱にする。生地を手の平で押さえつけ、必要な幅を作る。 **2** スケッパーに指で生地を沿わせるようにすると、きれいな側面ができる。**3+4** スケッパーで側面を整える。

■ 四角の板を作る

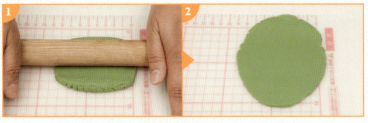

1 生地をまな板の上で必要な幅の円柱にし、めん棒を細かく前後に動かして、生地を伸ばしていく。**2** この時に前後の端の部分まで伸ばしきらないことがコツ。**3** ある程度必要な長さになってからスケッパーで形を整える。**4** 前後左右の形を綺麗にするため、はみ出した部分を切り落とし、足りない部分に足しながら、めん棒で生地を馴染ませると早くきれいに仕上げることができる（**5**）。**6** スケッパーでまっすぐに形を整える。

薄い板を作る

薄い板を作りたい場合、生地をラップフィルムにはさみ、めん棒を使うと均一に伸びやすい。

---

4 組み立てる
パーツ同士がくっつきにくい時は、接着面に水をつけるとうまくいきます。

5 伸ばす
転がさず、全体を手のひらで圧しながら少しずつ伸ばします。

6 切る
形をくずさないように、生地を軽く押さえ、よく切れる包丁で切ります。

7 蒸す
クッキングシートを敷いた蒸し器に並べ、中火で15分ほど蒸します。

保存
すぐに食べない場合は、ひとつずつラップフィルムに包んでおきましょう。保存は、冷凍庫保存がおすすめです。

食べる
蒸したてが一番おいしいですが、冷めて硬くなったもちや冷凍したものは、電子レンジで温めたり、蒸し直すとおいしい。また、オーブントースターなどで焼いても香ばしくなります。

第2章 花のべこもち

初心者でも比較的作りやすいのが花柄です。
ちょっとゆがんだり、ずれてしまったとしても、
それなりの表情になります。好きな色を使って、
季節の花を楽しんでください。

SMALL FLOWER

小さな花
★☆☆

円柱の組み合わせで作れる、基本の花模様。花びらのすき間をきっちり埋めると、きれいに仕上がります。

材料

総量 150g
- ピンク ……………………………… 65g
- 黄 …………………………………… 5g
- 白 …………… 80g (65g・15gに分割)

分解図

パーツを作る

❶ ピンク65gは長さ8cmの円柱にし、5等分に切り分け、それぞれを長さ8cmの円柱にする。❷ 白15gは長さ8×幅2×高さ1cm程度の四角柱にし、5等分し、一部を指でつまんで三角柱にする。❸ 白65gは長さ8×幅11cmの板に伸ばす。❹ 黄5gは長さ8cmの円柱にする。

※写真のパーツの大きさ、形は目安であり、もちの特性を活かし形を調整しながら組み立てていきます。

❶の作り方

ピンクを5等分に切り分け、それぞれを長さ8cmの円柱にする。

❷の作り方

白の四角柱を5等分し、一部を指でつまんで三角柱にする。

組み立て

1. まず、手のひらにピンクの円柱❶3本を写真のように置く。

2. その真ん中に黄の円柱❹を乗せる。

3. 黄の円柱を中心に、それを囲うように残りのピンクの円柱❶を配置する。

4. 白の三角柱❷を花びらの間のすき間を埋めるように置いていく。一度それぞれのパーツが密着するように手のひらで圧する。べこもちを圧する時には、転がさず表面全体から圧するのがコツ。

5. 全体を白の板❸で包む。

6. 継ぎ目をきっちり密着させる。

7. 全体を圧しながら、伸ばす。慣れないうちはラップで包んで、手のひら全体で圧するとうまくいく。転がすと柄がゆがんでしまうのでNG。

バラのべこもち

華やかなバラの花を
花束のようにアレンジ
色を変えてもすてき

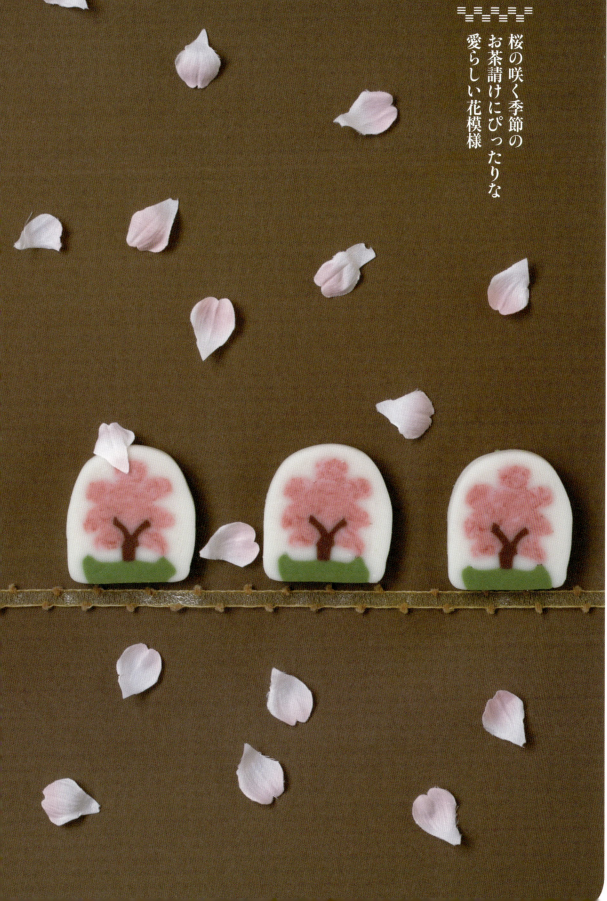

桜の咲く季節の
お茶請けにぴったりな
愛らしい花模様

桜のべこもち

バラ
ROSE
★☆☆

2色の花びらの板を交互にずらして重ねます。花びらの板は角張っていないほうがかわいい。最初の芯をきっちり巻くのがコツ。

材料
総量　250g
- 濃いピンク ……………………… 75g
- 薄いピンク ……………………… 75g
- 緑 ………………………………… 20g
- 白 ………………… 80g（70g・10gに分割）

分解図

パーツを作る

❶ 濃いピンク75g、薄いピンク75gをそれぞれ6等分にし、それぞれの色で長さ8×幅5cmの板を1枚、長さ8×幅3cmの板を5枚作る（花びら）。花びらなので、角のある板でなくてよい。❷ 緑20gを長さ8cmの円柱にしてから、縦に2等分して、それぞれ長さ8×幅1cm程度の板にする（葉）。❸ 白10gで長さ8×幅1cmの板を作る（葉の間）。❹ 白70gは3等分にして、長さ8×幅5cmの板を3枚作る（外周）。

組み立て

1. 濃いピンクと薄いピンクの板❶のうち幅5cmの板を、手前1cmほどずらして重ねる。

2. 1cmずらした側からしっかりと巻き込んでいく。

3) 巻き終わったところ。

6) 形を整えながら、重ねていく。全部重ねたところ。

4) 3を芯にして、その他の❶の板を色を交互に、バランスを見て重ねて巻いていく。

7) 6に白の板❸を置き、その両側に緑の板❷を配置する。

5) 重ね始めの位置は、次に重ねる生地のまん中に、前の生地の巻き終わりがくるようにするとバランスがよい。

8) 白の板❹3枚で、まわりを包むようにはりつけて、全体を手のひらで圧しながら伸ばしていく。

CHERRY BLOSSOM

桜
★★☆

桜の花のこんもりした感じを出すには、少し固めの生地を使うと形がきれいにキープされます。

材料

総量　250g

- ピンク……100g（70g・25g・5gに分割）
- 緑………………………………30g
- 茶………10g（5g・5gに分割）
- 白………110g（70g・40gに分割）

分解図

パーツを作る

❶ピンク70gを7等分して長さ8cmの円柱を7本作る（花・外側）。❷ピンク25gで長さ8cmの楕円柱を作る（花・中心）。❸ピンク5gで長さ8cmの三角柱を作る（枝のすき間）。❹茶5gで長さ8×幅1cmの板を作る（幹）。❺茶5gで長さ8×幅2cmの板を作る（枝）。❻緑30gで長さ8×幅4cmの板を作る（土台）。❼白70gで長さ8×幅12cmの板を作る（外周）。❽白40gの円柱（8cm）を8等分し、うち6つで長さ8cmの三角柱を6本作る。❾❽の残りの白2つで長さ8×幅1cmの角柱を2本作る（すき間）。

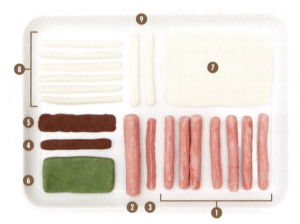

組み立て

1 ピンクの三角柱❸に、茶の板❺をVの字にして合わせる。

2 緑の板❻の中心に幹の茶の板❹を置き、左右に白の角柱❾を2本置く。

3) 幹の上に **1** のVを置き、左右をピンクの円柱❶を2本置いて支える。

4) Vの枝の上にピンクの楕円柱❷をのせる。

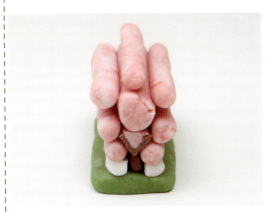

5) 楕円柱を囲むように、ピンクの円柱❶を5本配置する。

6) 花のすき間を、白の三角柱❽で埋める。

7) 埋めたところ。

8) 白の板❼を上からかぶせ、全体を手のひらで圧しながら、伸ばしていく。

MORNING GLORY

朝顔

★★★

葉っぱに切り込みを入れて、葉脈を作るのが、ちょっと上級テク。全体の形は丸でもかわいくなります。

材料

総量 250g

紫	80g
緑	20g
白	150g

（60g・40g・30g・20gに分割）

分解図

パーツを作る

❶ 紫80gを長さ8cmの円柱にして、縦6等分にする（花）。❷ 緑20gを長さ8cmの円柱にする（葉）。❸ 白40gから小豆大（約1g）の生地を取り、長さ8cmの楕円柱にする（葉脈）。❹ ❸の残りを2：1に分け、小さいほうを長さ8cmの円柱にする（花の中心）。❺ 大きいほうも長さ8cmの円柱にし、縦6等分にし、三角柱を作る（花の星型）。❻ 白20gで長さ8×幅5cmの板を作る（土台）。❼ 白30gを長さ8cmの円柱にして、縦に十字に4等分し、三角柱を作る（すき間）。❽ 白60gで長さ8×幅12cmの板を作る（外周）。

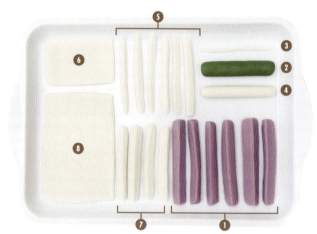

組み立て

1 白の三角柱❺と紫の三角柱❶を、交互に配置していく。4つほど並べたら、白の円柱❹を中心に置いて、さらに残りの白❺と紫❶を組み立てる。

2 　丸くなるように形を整える。

3 　緑の円柱❷に、写真のように3か所に切り込みを入れ、1か所に白の楕円柱❸をはさむ。

4 　❸の白をはさんだ切り込みを下にして、残った切り込みに指を入れて、葉っぱの形になるように形を整える。

5 　白の板❻を土台にして、❷の花と❹の葉を置く。花と葉のすき間を白の三角柱❼で埋める。

6 　葉の形のすき間も、残りの白の三角柱❼で埋める。

7 　白の板❽で周りを包んで、全体を手のひらで圧しながら伸ばしていく。

チューリップ

★★☆

すき間のいれ方や、押さえ具合で形をアレンジ。切り込みをつぼめて、つぼみを作ってもかわいい！

材料

総量　150g
- 赤 ……………………………… 30g
- 緑 ……………………………… 25g（20g・5gに分割）
- 白 ……………………………… 95g
（45g・20g・10g×3に分割）

分解図

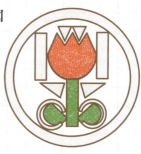

パーツを作る

❶ 赤30gで長さ8cmの円柱を作る（花）。❷ 白10gを長さ8cmの円柱にし、縦半分に切って、指で側面を押しつけて三角柱を2本作る（花のすき間・上部）。❸ 緑20gを長さ8cmの円柱にし、縦半分に切って、半円を2つ作る（葉）。❹ 緑5gで長さ8×幅1.5cmの板を作る（茎）。❺ 白20gを2等分して長さ8×幅4cmの板を2枚作る。❻ 白10gを8cmの円柱にし、縦半分に切って、指で側面を押しつけて三角柱を2本作る（花と茎の間）。❼ 白10gを2等分して長さ8×幅2cmの板を2枚作る（花の横）。❽ 白45gで長さ8×幅10cmの板を作る（外周）。

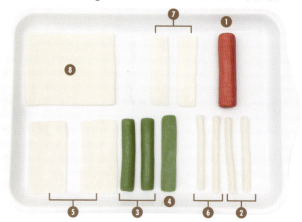

組み立て

1. 赤の円柱❶をやや三角形に近い形にする。

2. 平らな方の2か所に、均等に深さ5mm程度の切り込みを入れる。

3) 切り込みを入れた部分を左右に開き、花の形にする。

4) 白の三角柱❷を間に入れ、丸く形を整える。

5) 緑の半円❸を、白の板❺で包む。これを2本作る。端の部分を少し空けて緑の部分を見せておく。

6) 緑の板❹に、5で作った葉の閉じていない緑の部分を両端に付ける。

7) 白の三角柱❻を茎の両脇に置き、茎を固定する。

8) 4で作った花を中央にのせる。

9) 花の両端に白の板❼を貼りつけて固定し、白の板❽で包み、全体を手のひらで圧しながら伸ばしていく。

小菊

CHRYSANTHEMUM

★★★

パーツが細かくて数は多いけれど、出来上がった時の感動もひとしお。ぜひチャレンジしてください。

材料

総量　260g

紫	30g
緑	30g
ピンク	15g
黄	5g
白	180g (80g・50g×2に分割)

分解図

パーツを作る

❶ピンク15gを3等分して丸くする。❷紫30gを3等分して丸くする。❸❹白80gを2：1に分け、それぞれを3等分して、円形に伸ばす。❺黄5gを2：1に分け、長さ3cmと長さ1.5cmの円柱にする。❻緑20gを3等分にして長さ8×幅1cmの板を3枚作る（茎）。❼緑10gを長さ8cmの円柱にして、縦に4等分して4本の棒を作る（葉）。❽白50gを長さ8×幅5×高さ1cmの四角柱にする（土台）。❾もう一つの白50gは長さ8×幅12cmの板にする（外周）。

組み立て

1 白の小さい方の円形❸で、ピンクの玉❶を1つずつ包んでボール状にする。

2 同様に白の大きい方の円形❹で、紫の玉❷を包む。ピンク、紫、それぞれ3つ、合計6個の球を作る。

3 球をひとつずつ手のひらで軽く押すようにつぶし、中の色が同じものを3つを重ねる。

4 3段にしたものをそれぞれ4等分にカットする。模様が扇の形になるように一方の切り口を指でつまむ。

5 つまんだ部分を中心に、黄の円柱❺を芯にして（長い方を紫、短い方をピンクに）4つで円となるようにして、丸く形を整える。紫も同様に作る。黄の芯は少し長いぐらいでよい。

6 ❺を圧しながら伸ばす。ピンクは長さ8cmに、紫は長さ16cmに伸ばす。転がさず、始めは指でつまむようにし、長くなったら手の平で圧しながら伸ばしていく。

7 白の板❽を、真ん中で切り、そこからそれぞれ左右1cmのところから30度位の角度で、真ん中に向かって斜めに切り込みを入れる。

8 切り込みに緑の板❻をそれぞれをはさんで密着させる。中心にピンクの菊を置き、その両側に緑❼を1本ずつ置き、すき間を埋める。

9 ピンクの菊をはさむように長さを半分に切った紫の菊を置き、両側を緑❼ですき間を埋めるようにし、花と台を密着させる。

10 かまぼこ型になるように、白の板❾をかぶせ、全体を手のひらで圧しながら伸ばしていく。

TIPS TO ENJOY
ちいさなべこもち
楽しみ方のヒント
no.1

TEATIME ティータイム

ティータイムのおともに、べこもちをどうぞ。日本茶や紅茶にもよく合う優しい甘さは、コーヒーのほろ苦さにもぴったりです。お客様にお出しすれば、話もはずみそう。かわいい絵柄にもホッと癒されます。

ティータイムに……

第3章 フルーツのべこもち

キュートな柄が人気のフルーツ。
枝や葉、種などをうまく表現することと、
実を丸い形に整えるのがコツですが、
慣れれば簡単。いろいろなフルーツを
作ってみてください。

ORANGE

オレンジのぺこもち

シンプルだけれど
かわいらしい色と形が
人気のオレンジ

くだもののぺこもち

オレンジ

★★☆

放射状に広がる模様が楽しく、大きさも自由自在。色を変えれば、レモンやグレープフルーツに。

材料

総量　150g
- オレンジ … 100g（50g×2に分割）
- 白 ………… 50g（25g×2に分割）

分解図

パーツを作る

❶ オレンジ50gを長さ8cmの円柱にして6等分する（ふさ）。❷ もう一つのオレンジ50gは、長さ8×幅12cmの板にする（外周）。❸ 白25gは長さ8×幅2×高さ1.5cmの四角柱を作り、それを6等分して6枚の板を作る。❹ もう一つの白25gは長さ8×幅11cmの板にする。

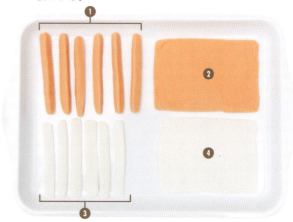

組み立て

1 オレンジ❶に、白の板❸をはさむように組み立てていく。中心で白が重なるように、ふさより中心側に少し出るように組み立てる。

2 ここで一旦軽く圧して、丸く成形する。

3 2の周囲を白の板❹で包む。巻き終わりが重ならないように、少し短くするか、長ければ切り落とす。

4 さらにオレンジの板❷で包んで、つなぎ目にすき間ができないようにする。圧しながら伸ばしていく。

GRAPE

ぶどう

★★☆

実の紫をひとつひとつ白で包むのが、ぶどうらしく見せるポイント。グリーンで作ればマスカットに。

材料

総量 150g

- 紫 ……………………………… 50g
- 茶 ……………………………… 5g
- 白 ……………………………… 95g
  （35g・30g・15g・10g・5gに分割）

分解図

パーツを作る

❶ 紫50gを6等分にし、それぞれを長さ8cmの円柱にする（ぶどうの実）。❷ 白35gを長さ8×幅18cmの板にし、幅を6等分に切る（実の外周）。❸ 茶5gを長さ8cmの円柱にする。縦に2等分し、それぞれを指で押えて板状にする（へた）。❹ 白10gを長さ8cmの円柱にし、縦に6等分する（すき間）。❺ 白15gを長さ8cmの円柱にし、縦に2等分して、側面を指で押さえて三角柱にする（すき間）。❻ 白5gは長さ8cmの円柱にし、縦に2等分し、それぞれを軽く指で押さえておく（すき間）。❼ 白30gは、長さ8×14cmの板にする（外周）。

組み立て

1 紫の円柱❶を白の板❷で包む。❷の幅が足りない場合は、それぞれをめん棒で伸ばして、ぴったり巻きつける。

2 同じ物を6本作る。

3 6本を写真のようにぶどうの房の形に重ねて持つ。

6 ぶどうの房の上になる部分に茶の板❸を縦に1本置き、その両側に白❻を置いて固定する。その上にT字になるように、残りの茶❸を置く。

4 白の円柱❹でぶどうの実のすき間を埋めていく。

7 白の三角柱❺をぶどうの下の実の脇に置く。

5 同様にまわりのすべてのすき間を白❹で埋めていき、全体をしっかりと密着させる。

8 白の板❼で全体を包み、全体を手のひらで圧しながら伸ばしていく。

APPLE

りんご
★★☆

りんごの葉がワンポイント。実を丸くするには、最後に伸ばすとき均等に力を入れて圧するのがコツ。

材料
総量 150g
- 赤 …………………………………… 60g
- 茶 …………………………………… 5g
- 緑 …………………………………… 5g
- 白 …… 80g（50g・20g・10gに分割）

分解図

パーツを作る

❶赤60gを長さ8cmの円柱にする（実）。❷茶5gを長さ8cmの円柱にして、縦に2等分し、それぞれを少し押しつぶすように平らにする（へた）。❸緑5gを長さ8cmの円柱にする（葉）。❹白10gを長さ8cmの円柱にし、縦に2等分する。1つは軽く押しつぶして幅1cmの板にする。　❺もう一つはさらに半分にする（すき間）。❻白20gを長さ8cmの円柱にし、縦に2等分したあと、幅3cmの板になるように伸ばす（すき間）。❼白50gを長さ8×幅12cmの板にする（外周）。

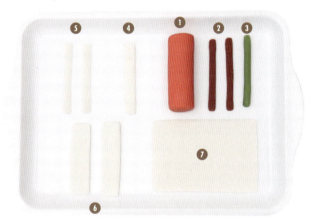

組み立て

1　赤の円柱❶の上⅕ぐらいのところを切り離す。

2　小さいほうをさらに半分に切り、茶の板❷を1本はさむ。

3 大きいほうの赤の断面に、もうひとつの茶の板❷をのせて、2をのせる。

6 さらに葉の上部のすき間に白❺を、反対側のすき間に白❹を置く。

4 これがりんごの実になる。

7 りんごは少し縦長になるように成形し、その両側を白❻ではさむ。

5 緑❸は4つの角を伸ばし葉の形になるように成形し、へたに付くようにのせ、白❺ですき間を埋め、固定する。

8 白の板で❼で全体を包み、全体を手のひらで圧しながら伸ばしていく。

WATERMELON

すいか
★☆☆

緑の外皮の幅を均一にするのがポイント。細めに伸ばしたり、切り分けた後にさらに半分切ってもかわいい。

材料
総量　150g
- 赤 ……………………… 70g
- 緑 ……………………… 40g
- 黒 ……………………… 10g
- 白 ……………………… 30g

分解図

パーツを作る

❶黒10gを長さ8cmの円柱にする（種）。❷赤70gを長さ8cmの円柱にする（実）。❸緑40gを長さ8×幅12cmの板に伸ばす（緑皮）。❹白30gを長さ8×幅11cmの板に伸ばす（白皮）。

組み立て

1　赤の円柱❷を半分に切り、切った断面の中央に菜ばしなどでくぼみをつける。

2　くぼみに黒の円柱❶を入れてはさむ。

3　継ぎ目が密着するように、面を圧しながら伸ばしていく。転がしながら伸ばさず、手のひらで圧しながら少しずつ伸ばす。

4　3を伸ばして、長さ8cmの円柱を8本作る。10cm程度まで伸ばしたら半分に切り、それぞれを伸ばす作業を繰り返して8本にすると作りやすい。

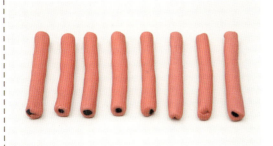

5　8本の円柱。円柱の表面はなめらかに。これを実と種に成形する。

6　5の円柱を、写真のようにまとめる。手のひらにまず3本乗せ、その中央に1本を置き、これを軸に円を描くように他の4本を配置する。

7　全体を手のひらで圧しながら、大きな円柱にまとめる。

8　白の板❹で7の円柱を包む。継ぎ目はすき間がないように、しっかりと合わせる。

9　さらに緑の板❸で8を包んで、手のひらで全体を圧しながら伸ばしていく。

CHERRY

さくらんぼ

★★☆

実と枝、葉がそれぞれ離れないよう、きちんとつながっていることがポイント。パーツ同士の接着をていねいに。

材料

総量　150g

赤	20g
緑	10g
茶	5g
白	115g

（45g・20g×2・10g×2・5g×2に分割）

分解図

パーツを作る

❶ 赤20gを2等分して、長さ8cmの円柱を2本作る（実）。❷ 白20gを2等分して、長さ8×幅4cmの板を2枚作る。❸ 白5gを長さ8cmの円柱にし、底を押しつけながら三角柱を作る。❹ 茶5gで長さ8×幅2cmの板を作る（枝）。❺ 緑10gを8cmの円柱にし、縦半分に切って、半円を2本作る（葉）。❻ 白10gを2等分して、長さ8×幅3cmの板を2枚作る。❼ 白10gで長さ8×幅1cmの円柱を作り、少し押しつぶす。❽ 白20gを長さ8cmの円柱にし、縦半分に切って、指で側面を押しつけて三角柱を2本作る。さらに角を一辺つぶして台形にする（一辺を1cm幅に、もう一辺を0.5cm幅にする）。❾ 白5gを長さ8cmの円柱にし、底を押しつけながら三角柱を作る。❿ 白45gで長さ8×幅11cmの板を作る（外周）。

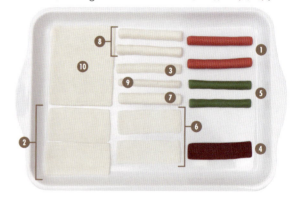

組み立て

1 白の板❷で、赤の円柱❶を包む。端の部分を少し空けて赤の部分を見せておく。これを2本作る。

2 白の三角柱❸に、茶の板❹を沿わせる。三角柱より茶のへたの部分が少し出るが折り込まない。

3 緑の半円❺を白の板❻で包む。実と同様に、端の部分を少し空けて緑の部分を見せておく。これを2本作る。

6 3のパーツを、緑が見える部分をへたに付けるようにして置く。白の三角柱❾を葉のパーツ中央上に写真のように置く。

4 白の板❼の両脇に1の実を置く（閉じてない部分を上）。中央に2のへたを乗せ、実の閉じていないところへ茶の端を挟みこむようにする。

7 白の板❿で包んで、全体を手のひらで圧しながら伸ばしていく。

5 へたの両脇に白の台形❽を0.5cm幅の方を下にして置く。その際、へたのてっぺんは隠さない。

CHERRY BLOSSOMS & CHERRY

くだもののべこもち

043

赤がポップでキュート
優しい甘さも
さくらんぼにぴったり

さくらんぼのべこもち

くだもののべこもち

TIPS TO ENJOY
ちいさなべこもち 楽しみ方のヒント no.2

FRUIT PUNCH フルーツポンチ

フルーツ柄のちいさなべこもちを、白玉がわりに。季節の果物と一緒に盛り付ければ、見た目も味も楽しいデザートになります。もちもちとした食感と、カラフルな愛らしさに、満足感いっぱいです。

フルーツと一緒に

TIPS TO ENJOY

ちいさなべこもち
楽しみ方のヒント
no.3

PETIT GIFT プチギフト

いろいろな柄のべこもちを作ったら、小さなケースに入れておすそわけ。たとえばフルーツ柄を、フルーツバスケット風にしてプレゼントするのも素敵です。受け取った方の笑顔が浮かびます。

ちょっとおすそわけ

第4章 シンプルで作りやすい柄

シンプルな組み立てなのに、上級に見える
とっておきの柄をご紹介します。
日本の伝統文様のアレンジに加え、
カラフルな虹やハートなど、モダンな柄も。

ICHIMATSU

市松模様
★☆☆

角をピシッと整えるのが唯一のコツ。2色だけでなく、同じ大きさでいろいろな色を組み合わせても楽しい。

材料
総量 250g
- 紫 ……………………………… 125g
- エメラルドグリーン ………… 125g

パーツを作る

❶ 紫125gを長さ8×幅9×高さ1.5cmの四角柱にする。❷ エメラルドグリーン125gも長さ8×幅9×高さ1.5cmの四角柱にする。

組み立て

1 9cm幅の辺を6等分にして、1.5cm角の四角柱を6本作る。

2 紫も**1**と同様に切る。

3 一段目に紫とグリーンを交互に4本置き、市松模様になるように組みたてる。

4 3段重ねる。

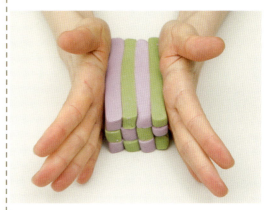

5 各側面を抑えながら、全体を手のひらで圧しながら伸ばしていく。

6 均等に圧するには、ラップにくるんで、スケッパーを使って4辺を順に圧するときれいに密着する。

LOG

丸太
★☆☆

初心者でも失敗なく作れます。年輪の数を増やしたり、配色を変えると、また違った雰囲気になりますよ。

材料
総量 150g
- 茶 …………………… 100g
- 白 …………………… 50g

パーツを作る

白を3:1、茶を2:1に分割する。

❶白38gは長さ8×幅9cmの板にする。❷白12gは長さ8cmの円柱にする。❸茶67gは長さ8×幅12cmの板にする。❹茶33gは長さ8×幅5cmの板にする。

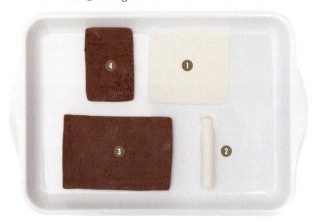

組み立て

1 白の円柱❷を茶の板❹で包む。

2 ラップを使って巻くとなめらかにきれいに包める。

3　2を白の板❶で包む。

4　巻き終わりが長ければ、切り落として継ぎ目を合わせ、きれいな丸にする。

5　さらに茶の板❸で包む。

6　巻き終わりが長ければ、切り落として継ぎ目を合わせ、きれいな丸にする。

7　継ぎ目にすき間がないようにし、全体を手のひらで圧しながら伸ばしていく。

四海巻

★★☆

難しそうに見えますが、意外と簡単。板を均一に伸ばし、丸く巻いたパーツを均等に切るのが最大のポイントです。

材料

総量 150g
- ピンク ………… 60g
- 緑 ……………… 30g
- 黄 ……………… 20g
- 白 ……………… 40g

分解図

パーツを作る

❶黄20gを長さ8cmの円柱にする。❷緑30gを長さ8cmの円柱にする。❸白40gを長さ8×幅6cmの板にする。❹ピンク60gを長さ8×幅10cmの板にする。

組み立て

1. 白の板❸で、緑の円柱❷で包む。

包み終わりが重ならないようにする。

2) 1をさらにピンクの板❹で包む。

3) 2を圧して密着させ、縦4等分に切る。

4) 4等分するときに、緑の分量が4等分にされているか確認しながら切るときれいに仕上がる。

5) 黄❶の四方を指先でつまんで、ひし形にする。

6) 4のパーツ2つを写真のように置き、黄のつまみあげたところですき間を埋める。黄のつまみ具合は、すき間の形を見て調整するときれい。

7) その上に残り2つの4のパーツをのせる。

8) スケッパーを使って、4つの側面を圧しながら全体を密着させていく。少しずつ何度も繰り返すのがコツ。

四海巻って?

四海とは、四方の海を意味しています。四隅のすじが、波紋を表した伝統柄です。太巻き寿司などによく使われます。

心がはずむ
レインボーカラーは
作るのも楽しい！

レインボーのべこもち

シンプルで作りやすい柄

RAINBOW

レインボー

★☆☆

各色を均等な厚さにするのがポイント。少し柔らかめの生地のほうが丸いカーブを作りやすいかもしれません。

材料

総量 160g

赤	45g
黄	30g
緑	25g
青	20g
紫	15g
白	25g

分解図

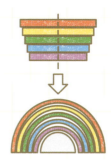

パーツを作る

❶白25gで長さ8×直径2cmの半円を作る。❷赤45gで長さ8×幅9cmの板を作る。❸黄30gで長さ8×幅7cmの板を作る。❹緑25gで長さ8×幅5cmの板を作る。❺青20gで長さ8×幅4.5cmの板を作る。❻紫15gで長さ8×幅4cmの板を作る。

組み立て

1　白❶を土台に、分量の少ない色から順に重ねていく。

2　センターを合わせて、左右均等に重ねる。

3　最後に赤を重ねたら、全体を手のひらで圧しながら伸ばしていく。

温かな気持ちになる
ピンクのハート
何度でも作りたい模様

ハートのべこもち

シンプルで作りやすい柄

HEART

ハート
★☆☆

楕円からの切り込みの工夫で作るハート。まわりの白のパーツの大きさや形がきれいに仕上げるポイントです。

材料
総量 150g
- ピンク……………………………50g
- 白……100g（60g・30g・10gに分割）

分解図

パーツを作る

❶ピンク50gを長さ8cmの円柱にして、押しつぶして幅3cm程度の楕円柱にする。❷白30gは長さ8cmの円柱にして縦に2等分して、側面を指で押さえて三角柱を2つ作る。❸白10gは底を押しつけるようにして三角柱を作る。❹白60gを長さ8×幅11cmの板にする（外周）。

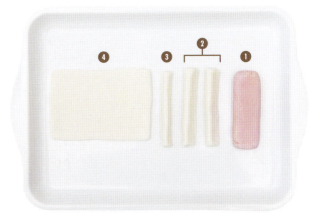

組み立て

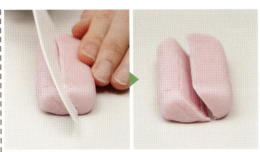

1. ピンクの楕円柱❶に斜め45度に切り込みを入れて、2等分にする。

2. 片側を反転させて断面を合わせ、ハート型にする。

3. ハートのくぼみに白の三角柱❸を当てて、形を整える。

4. 白の三角柱❷2本をハートの両脇に置く。

5. 白の板❹で包んで、全体を手のひらで圧しながら伸ばしていく。外周の長さが余る部分は、スケッパーなどで切る。

シンプルに
きな粉をかけても
おいしいよ

第5章 動物のべこもち

切ったときの感動が大きい動物柄。
細かいテクニックはいくつかありますが、
組み立て自体はシンプルなので、
ぜひお子さまと一緒に作ってみてください。

切るたびに笑顔を誘う
ピンクのうさぎたち
つぶらな瞳がキュート

うさぎのべこもち

雨の季節を楽しむ
かたつむりの模様
甲羅のうずまきが楽しい

かたつむりのべこもち

動物のべこもち

061

RABBIT

うさぎ
★★★☆

耳の内側の濃いピンクがアクセントに。耳や目の位置で表情が変わります。目の位置はちょっと下側が愛らしい。

材料

総量 250g

ピンク	87g
（57g・30gに分割）	
濃いピンク	10g
黒	3g
白	150g（80g・70gに分割）

分解図

パーツを作る

❶濃いピンク10gを長さ8×幅2cmの板にする（耳の中）。❷ピンク30gを長さ8×幅7cmに板にする（耳）。❸ピンク57gを長さ8cmの円柱にする（顔）。❹黒3gを2等分し、それぞれ長さ8cmの円柱にする（目）。❺白80gを4等分にする。うち2枚は長さ8×幅3cmの板にする。❻1枚は長さ8cmの円柱にして、幅1.5cm程度の楕円柱にする（耳のすき間）。❼もう1枚は長さ8cmの円柱から縦に4等分する。❽白70gは長さ8×幅19cmの板にする（外周）。

組み立て

1 濃いピンクの板❶をピンクの板❷で包む。

2 縦に2等分し、それぞれを1.5cm幅にめん棒で伸ばし、切り口を指で軽くすぼませる。

3 ピンクの円柱❸を半分より少しずらしたところで2つに切る。

4 大きいほうの断面に竹串で2か所くぼみをつける。

5 ❹のくぼみに黒の円柱❹を入れ、小さいほうのピンクをのせる。

6 しっかりと密着させる。

7 ❷の耳を❻の顔に配置し、耳の間に白の楕円柱❻をはさむ。

8 白❼の4等分したパーツを耳の上と、顔の横のすき間に入れ、耳の位置を固定する。

9 白の板❺を顔の両側に置き、白の板❽で包んで、全体を手のひらで圧しながら伸ばしていく。

SNAIL

かたつむり

★★★

甲羅が乗る胴体部分をなるべく細めにするのがポイント。触角の位置がずれていないか、圧する前に確認を。

材料

総量　250g
- 黄 ……………………………… 40g
- 緑 ……………………………… 40g
- 茶 ……………… 40g（30g・10gに分割）
- 白 …………………………… 130g
  （60g・40g・15g×2に分割）

分解図

パーツを作る

❶緑40gを長さ8×幅12cmの板にする。❷黄40gを長さ8×幅12cmの板にする（甲羅）。❸茶10gを長さ8×幅2cmの板にする（触角）。❹茶30gは長さ8cmの円柱にする（胴体）。❺白15gを長さ8cmの円柱にし、底を押しつけながら三角柱にする（底辺約1cm）。❻白15gを長さ8cmの円柱にし、2等分して側面を押さえて三角柱にする。❼白40gで長さ8×幅4cmの板を2枚作る（土台と甲羅の補強）。❽白60gを長さ8×幅12cmの板にする（外周）。

組み立て

1　緑の板❶と黄の板❷を1cmずらして重ね、端から巻き上げる。

2　巻いたら丸く形を整える。

3　茶の円柱❹は、片側が薄くなるようにめん棒で伸ばす。細い部分は3cm、全体の幅約5cmにする（これが胴体の長さになる）。

6　白の三角柱❻2本を支えにして、❹の触角を写真のように配置する。

4　茶の板❸を縦半分に切り、白の三角柱❺にV字になるようにかぶせる。しっかりとつなぎ目を指で密着させる。

7　もう1枚の白の板❼を甲羅の上にかぶせて、段差をなくす。

5　白の板❼を土台にし、❸の胴体と❷の甲羅を乗せる。

8　白の板❽で包んで、全体を手のひらで圧しながら伸ばしていく。

パンダ

★★★

耳は後付けなので、しっかり密着を。黒の着色にブラックココアの粉を使うと風味も良くなります。

材料

総量 250g

- 黒 ……… 60g（30g・25g・5gに分割）
- 白 …………………………… 190g
- （60g×2・50g・20gに分割）

分解図

パーツを作る

❶黒25gを長さ10cmの円柱にする（耳）。❷黒30gを2等分して楕円柱にする（目）。❸黒5gから小豆大（1g）程度を取り、長さ8cmの円柱にする（鼻）。❹残り4gの黒を長さ8cm×幅2cmの板にする（口）。❺白60gを3等分し、長さ8cmの円柱を3本作る。❻白20gを2等分し、長さ8cmの円柱を2本作る。❼白50gは8×8cm四方の板にする。❽白60gは長さ8×幅4cmの板にする（おでこ）。

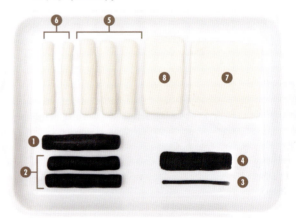

組み立て

1　白の円柱❺の1本を、少しつぶして幅3cmの楕円柱にして、上をつまみ上げる（口の下になる）。

2　白の円柱❻の1本に、黒の板❹をのせる。

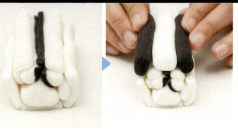

3　黒が半分になるとこ（ろ）のように合わせる。

白の円柱❻を二等分して、口の上にのせる。白（の）円柱❺を少し押しつぶして楕円形にし、鼻の（位置に）置き、その脇に黒の楕円柱❷（目）を置く。

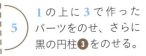

4　白の板❼の中央に、1で作ったパー（ツを置き、）両端を1cmずつ切る。

白の円柱❺を二等分して軽（く横）に置き、白の板❽をのせ（る。）

5　1の上に3で作ったパーツをのせ、さらに黒の円柱❸をのせる。

9　全体を手のひらで圧しながら伸ばしていく。

10　形が整ったら、端を切って顔のバランスが良いところに、黒❶を二等分して作った耳をのせ、固定する。接着面に水をつけるとよい。

6　4で切り取った1cmの板を口の横にはさんで、手のひらで包むように密着させる。

動物のぺこもち

067

ペンギン

★★☆

くちばしは縦長になるように成形し、目はくちばしと横並びになるように巻き上げるのが愛らしさのポイント。

材料

総量 250g

- 黒 …………………………… 100g
  （70g・10g×2・8g・2gに分割）
- 黄 …………………………… 20g
- 白 ……… 130g（100g・30gに分割）

分解図

パーツを作る

❶ 黒8gで長さ8×幅5cmの板を作る。❷ 黒2gを長さ8×幅1cmの板にする。❸ 黒10gを2等分して、長さ8cmの円柱を2本作る（目）。❹ 黒10gで長さ8cmの円柱を作り、縦に2等分して、長さ8cmの三角柱を2本作る（頭のすき間）。❺ 黒70gを長さ8×幅4cmの板にする（頭）。❻ 黄20gを長さ8cmの円柱にして、少し押しつぶし楕円柱にする（くちばし）。❼ 白30gは長さ8cmの円柱にして、少し押しつぶして幅約3cmにする（くちばしの下）。❽ 白100gを長さ8×幅13cmの板にする（顔）。

組み立て

1 黄の楕円柱❻を2等分し、間に黒の板❷をはさむ。

2 1を黒の板❶で包んでくちばしの完成。

3　白の板❽を横長に置き、白の楕円柱❼を中央に置く。その両端に黒の円柱❸を置く。

6　2で作ったくちばしをのせる。斜めにならないように注意。

4　両端から黒❸を巻き込んでいくように丸める。

7　黒の三角柱❹2本で頭とのすき間を埋める。

5　中心にくちばしの幅を残して、楕円柱❼の上に黒❸の目がのるように巻く。

8　黒の板❺を頭にかぶせて、全体を手のひらで圧しながら伸ばしていく。

てんとう虫

★★★

斑点作りがやや上級テクニック。胴体に入れ込む黒い板は、先を細めに伸ばすときれいです。

材料

総量 250g
- 赤 …………… 90g
- 黒 …………… 45g（15g×2・5g×3に分割）
- 白 …………… 115g（75g・40gに分割）

分解図

パーツを作る

❶赤90gを長さ8cmの円柱にする ❷黒15gを長さ8cmの円柱にする（頭）。❸黒5gで長さ8×幅2cmの板を作る（触角）。❹黒5gを長さ8×幅1cmの板にして、先をめん棒で薄くする（羽のすき間）。❺黒5gを2等分し長さ8cmの円柱を2本作る（模様・小）。❻黒15gを3等分して長さ8cmの円柱を3本作る（模様・大）。**白40gを10g・10g・20gに分ける。全て長さ8cmの円柱にする** ❼白10gのひとつは底を押しつけるようにして三角柱にする（触角の間）。❽もう一つの白10gを2等分して、側面を指で押さえて三角柱にする（触角のすき間）。❾白20gは縦に2等分して、側面を指で押して三角柱を2つ作る（頭の横）。❿白75gで長さ8×幅17cmの板を作る（外周）。

組み立て

1 赤の円柱❶を3つに切り分ける（写真上）。菜ばしなどで、大小2本のくぼみをつける（写真下）。赤の端の2つには断面に入れる。

2 真ん中の赤には、両面に同様にしてくぼみをつける。

3 小さいくぼみに黒の小円柱❺、大きいくぼみに大円柱❻を入れる。同じ側に入っていることを確認しながら2段重ねる。

4 ❸のパーツをしっかりと密着させる。大きい円柱が入っている方を上にして、円柱を縦に2等分する。

5 小さい円柱が入っている側の端から1cmくらいのところに、菜ばしでくぼみをつける。

6 くぼみに黒の残りの大円柱❻を入れ、黒の板❹を置き、はさむ。

7 白❼の三角柱に黒❸の板を二等分して付けて触角を作る。

8 ❻の黒の板が入っている方を下にして、黒❷を写真のような形にしてのせ、さらに❼の触角をのせる。

9 触角の両脇に白の三角柱❽を置き、さらに白の三角柱❾ですき間を埋めるように配置する。

10 白の板❿で包んで、全体を手のひらで圧しながら伸ばしていく。

TIPS TO ENJOY

ちいさなべこもち
楽しみ方のヒント
no. 4

KID'S PARTY 子どものパーティー

かわいい柄のべこもちは、子どもたちのおやつにぴったり。お誕生パーティーなど、たくさんお友達が集まる日に、いろいろな柄をプレートに並べて出せば、歓声が上がること間違いなしです。どの柄が人気かな？

子どものおやつパーティーに

第6章 子どもが喜ぶ柄

キャンディの形にしたり、
男の子の大好きなクルマの柄など、
子どもが喜ぶ、
ちょっと変形の柄を集めました。
デコもちならではのユニークな柄です。

CANDY

キャンディ
★☆☆

左右のパーツが左右対称になるように配置して、接着面を平らにして水をつけてしっかりと接着するのがコツ

材料
総量　150g
- オレンジ……90g（60g・30gに分割）
- 白……………60g（30g×2に分割）

分解図

パーツを作る

❶オレンジ30gで、8×8cm四方の板を作る。❷白30gで、8×8cm四方の板を作る。❸白30gを長さ10cmの円柱にして、縦に2等分し、底を押しつけながら三角柱を2つ作る。❹オレンジ60gで長さ10×幅2×高さ2cmの四角柱を作り、4枚の板を切り出す。

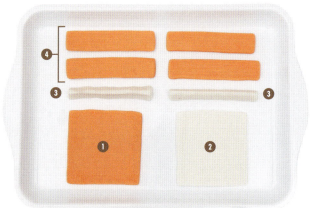

組み立て

1　オレンジの板❶の上に、白の板❷を1cmほどずらして置く。

② オレンジが見える側から、ぐるぐると巻き、丸く成形する。巻き始めをしっかりと巻き上げるのがコツ。長さ10cmほどに全体を手のひらで圧しながら伸ばしていく。

③ 白の三角柱❸の1つを、オレンジの板❹2枚ではさんで形を整える。

⑤ ❹のオレンジの板が接する部分に水をつけ(接着しやすいように)、❷の左右に❹をつけてキャンディ型にする。

④ ❸の白の面の中心に、包丁を浅く入れ、左右に動かしてくぼみをつける。同じものをもうひとつ作る。

子供が喜ぶ柄

075

男の子が大好きな
乗り物の模様は
クールな色で

クルマのべこもち

べこもちなのにケーキ！
お誕生日やクリスマスを
盛り上げます

ケーキのべこもち

子供が喜ぶ柄

CAR

クルマ

★★☆

タイヤの形を押しつぶさないよう注意。ボディの色を白と黒で作って、赤いライトをのせればパトカーに

材料

総量　150g

- 緑 …………… 55g（40g・15gに分割）
- 青 …………… 20g（10g×2に分割）
- 白 …………… 75g
  （40g・15g×2・5gに分割）

分解図

パーツを作る

❶ 緑40gを長さ8×幅3×高さ1cmの四角柱にする（車体）。❷ 緑15gを長さ8×幅3cmの板にする（窓枠）。❸ 青10gを長さ8cmの円柱にする（窓）。❹ 青10gを長さ8cmの円柱にする（タイヤ）。❺ 白15gを長さ8×幅4cmの板にする（タイヤ）。❻ 白5gを長さ8cmの円柱にし、半分に切って三角柱を2本作る。❼ 白15gを長さ8×幅1×高さ1cmの四角柱にする（ボンネットの上）。❽ 白40gを長さ8×幅12cmの板にする（外周）。

組み立て

1 青の円柱❸に、緑の板❷をのせて、半円型につぶす。

2 青の円柱❹を、白の板❺で包む。

③ 2を縦に半分に切る。

④ 緑の板❶の上に、3のパーツを断面を下にしてのせる。

⑤ すき間に白の三角柱❻を1本置く。

⑥ 5を反対側に返し、1をのせる。

⑦ さらに白の四角柱❼をのせ、すき間に残りの白の三角柱❻を置く。

⑧ 白の板❽で、まわりを包む。

⑨ 継ぎ目を合わせて、しっかりと密着させる。

⑩ スケッパーで四角く形を整えながら圧着し、伸ばしていく。

ケーキ

★★☆

2色重ねた生地を切り分け、3段に。すき間をしっかり埋めるときれいです。炎の間にはさんだ白い芯もポイント

材料

総量 350g

- 茶 100g
- 薄い赤 20g
- 赤 10g
- 白 220g
  (110g・90g・20gに分割)

分解図

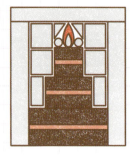

パーツを作る

❶ 薄い赤20gを長さ8×幅10cmの板にする。❷ 茶100gを長さ16×幅10cmの板にする。❸ 白90gを3等分して、長さ8×幅5cmの板を3枚作る(外周)。❹ 白110gを8×8cm四方の板にする。❺ 赤10gを長さ8cmの円柱にする。白20gを、4g・2g・14gに分ける。❻ 白4gは長さ8cmの円柱にして縦に2等分する。❼ 白2gは長さ8cmの細い円柱にする(炎の芯)。❽ 白14gは長さ8cmの円柱にし、縦に2等分して、側面を押して三角柱を2本作る(炎の上)。

組み立て

1　茶の板❷の長さを半分に切って、長さ8×幅10cmの板を2枚作る。

2　薄い赤の板❶を、1ではさむ。

3 2の幅10cmを、5cm、3cm、2cmに切り分けて、重ねる。

4 赤の円柱❺に、縦に半分くらいの深さまで、包丁で切り込みを入れる。

5 白の細い円柱❼を少しつぶして、4の切り込みに埋め込み、端をしっかりと閉じて、指で炎の形に整える。

6 白の板❹を、1cm幅を2本、1.5cm幅を4本に切り分ける。

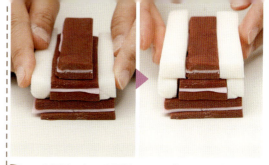

7 2段目のケーキ両脇に、6で作った1cm幅の板を2本のせ、3段目の両脇に1.5cm幅の板を2本のせる。

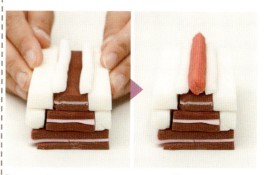

8 3段目のケーキ上に白の円柱❻を少し間隔をあけてのせ、その間に5の炎をのせる。この時、白をはさんだ側を下にする。

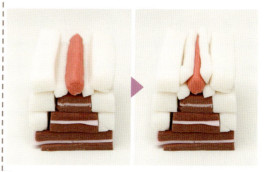

9 炎の両側に、6で作った白の1.5cm幅の板を2本のせ、白の三角柱❽2本ですき間を埋める。

10 白の板❸3枚を周りに貼りつけ、スケッパーで各側面を圧しながら伸ばしていく。

女の子
★☆☆

最後に圧するとき、目や口の位置がずれないように注意してください。目の位置は少し離し気味がかわいい

材料
総量　150g
- 茶 ········· 70g (65g・5g に分割)
- 白 ········· 80g (75g・5g に分割)

分解図

パーツを作る

❶白75gを長さ8cmの円柱にし、軽く押しつぶして一片を平らにする。❷白5gを長さ8cmの円柱にする。❸茶5gを2等分する。ひとつで長さ8cmの円柱を2本作る（目）。❹もうひとつを長さ8×幅1cmの板にする（口）。❺茶65gを長さ8cmの円柱にして、半円になるように縦に2等分する。❻もうひとつはさらに半分にして、長さ8×幅2cmの板を2本作る。

※細い円柱は指を前後に細かく動かすと切れずに細い円柱ができる。

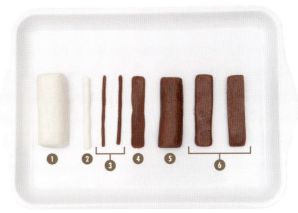

組み立て

1 白❶を、写真のように3等分に切る。

2 1の丸みのあるパーツの断面の中央に、菜ばしでくぼみをつける。

3) **2**のくぼみに、茶の板❹をのせ、菜ばしでくぼみをつける。

6) 口を配置したパーツの上に、目を配置したパーツを置き、3つ目のパーツをのせる。

4) **3**のくぼみに、白の円柱❷をのせる。

7) 茶の半円柱❺を**6**の上に置き、茶の板❻を密着させながら顔の両脇に配置する。

5) **1**の真ん中のパーツの断面に、竹串で2つくぼみをつけ、茶の円柱❸をのせる。

8) 目と口の配置のバランスがくずれないよう、全体を手のひらで圧しながら伸ばしていく。

TIPS TO ENJOY
ちいさなべこもち
楽しみ方のヒント
no.5 + 6

LUNCH BOX お弁当

子どものお弁当のデコレーションに、ちいさなべこもちが大活躍。見た目がぐっと楽しくなり、「きょうはどんな柄が入っているかな？」とワクワクするはず。冷凍したものをストックしておくと便利です。

お弁当に入れて

CHOCOLATE FONDUE チョコフォンデュ

市販のチョコレートと生クリームを温めて、ちいさなべこもちとフルーツで、チョコフォンデュを楽しんでみませんか？ べこもちのほのかな甘さはチョコレートによく合います。わいわい楽しいパーティーになるはず。

チョコレートフォンデュで

伝統的な「小菊」模様。ちいさな花を作って組み上げ、両手ほどの大きさのものを、伸ばして、一束の小菊が生まれる。熟練の手技が生み出すちいさな芸術である。

べこもちの故郷を訪ねて

青森・下北半島のおばあちゃんの味

青森や北海道、北の郷土菓子であるべこもち。
下北半島のむつ市に、伝統のべこもち作りの達人を訪ねました。
家族の健康や幸せを願って作られる、美しい模様の数々は、
むつのおばあちゃんの優しい心そのものでした。

べこもちの達人、畑中玄子さん(右)と田向淳子さん(左)。おしゃべりしながら、笑い合いながら、たくさんのべこもちを作る。湯気のたつ台所は、始終なごやかな雰囲気だった。

慣れ親しんだ家庭の味を後世に伝えたい一心で

　べこもちは、青森、北海道、山形など、北の地方で親しまれている郷土菓子です。呼び名や形、模様は各地方で少しずつ異なりますが、青森県むつ市のべこもちは、繊細な模様をかまぼこ型に成型し、切ると断面に美しい絵が現われるもの。青森県の「食の文化伝承財」にも認定されています。その技術を継承している、むつ市大畑町の畑中宏子さんと田向淳子さんを訪ねました。

　畑中さんと田向さんは、地元の「大畑町こぶし生活改善グループ」に所属し、地元のみならず、時には東京などにも招かれ、べこもち普及の活動をしています。

　いつもの作業場所は畑中さん宅の台所。近くに住む田向さんは、自転車に材料や道具、差し入れの野菜などを乗せて通うそうです。「雪が降ると、ソリ引いて来るよ」。笑いながら、着々と準備を始めます。

　おふたりが、べこもちを伝える活動に関わり始めたのは昭和58年。家庭の味として慣れ親しんできたべこもちではありましたが、時代の変化によって家で作る人がどんどん減ってきていたのです。
「せっかくの伝統文化を残したい」その一心で活動を続けてきました。

下北半島に位置するむつ市。大畑町は津軽海峡沿岸にあり、豊かな自然に恵まれた町だ。

むつ市大畑町

津軽海峡

陸奥湾

青森市

1

2

4

1 伝統柄の「たばね」を作る、畑中さんと田向さん。
2 「たばね」は、稲を束ねている模様で、下北で古くから作られている模様。茶と緑を白で包んだ円をつぶして重ねて切り、切り口をしぼって模様を作る。
3 「たばね」を切ったところ。ちなみに茶色はコーヒーで着色されている。
4 蒸して完成。
5 畑中さんの祖母の時代のものという木型。昔は生地を木型で抜いたり、模様もシンプルだったという。

一緒に作って23年。息もぴったり！

べこもちの名前の由来は べこ＝牛のような形から

　べこもちは、主に五月の節句のお祝い、法事のお供えなどに使われます。四季折々の模様を工夫して楽しみ、たくさん作ってご近所にもふるまう、そういう習わしです。

　ところで、なぜ、「べこもち」という名前なのでしょうか。畑中さんにうかがうと、「もちの形が、べこ（＝牛）に似てっがら」とのこと。確かに、かまぼこ型に成型された、ぼってりとしたもちは、牛に見えなくもありません。その他にも諸説あり、同じルーツをもつ北海道のべこもちは、白黒の２色で作られているので、その色が牛に似ていることからという説。米の粉が原料なので「米（べい）粉のもち」という説もあるそうです。

　畑中さんのお宅には、畑中さんのおばあさまの時代の、べこもちの木型が残っており、型抜きされて作られるべこもちもあったようです。北海道のべこもちは型抜きですが、べこもちのルーツは、一説には、江戸時代に北陸から日本海側を北上してきた北前船が、伝えたものではないかと言われています。

　この日、畑中さんと田向さんには、伝統柄である「たばね」と、おふたりがお得意とする「小菊」「松」を作っていただきました。

畑中さんたちのべこもちの粉の配合は、もち米6：うるち米4。米を混ぜてから粉にする。米も自宅で丹精込めて育てた自家製。
1+2「小菊」のそれぞれの花を作る。白で包んだピンクの円を重ねてつぶし4等分して、黄色を芯にして花の形にする。紫も同様に作る。
3 細く伸ばしたところ。熟練の技が光る。
4 パーツを組み立てていく。
下完成写真 風に揺れる小菊のかわいらしさが表現されている。配色や配置は、その時々で自由に変えているという。

「小菊」を作る

「松」を作る

繊細な作業と、組み立てに絶妙なバランス感覚が必要な「松」。
1 細く切り出した白と緑の生地を重ねて松葉を表現する。
2 緑10枚をひとまとめにして、松葉のかたまりを5つ作る。
3 枝ぶりを考えながら、バランスよく組み立てていく。
4 大きなかたまりを、二人がかりで圧しながら伸ばしていく。
上完成写真 太い幹のうねりや、堂々とした枝ぶりが見事に表現されている。何百回と作っている達人は、パーツ作りから完成までわずか20分。あっという間に作り上げた。

1 むつ市のPRキャラクター「ムッシュ・ムチュランⅠ世」を試作。常に新しい模様にトライしている。
2 ティータイムは、コーヒーとべこもちで。
3 べこもちを食べながら談笑。むつ市役所のみなさんと。

蒸し立てが一番うんめぇど。

初めての模様を切る時は今でも「おっがね（怖い）」

　かれこれ20年以上一緒に作業されている、畑中さんと田向さんの息はぴったり。いつも、家族の話や世間話をしながら、手を動かしているそう。取材の間も、楽しいおしゃべりと笑い声が絶えませんでした。きっと、昔の女性たちも同じように、こうして台所に集まって手を動かしてきたのでしょう。

　おふたりは、とても研究熱心で、伝統的な模様の改良はもちろん、常に新しい柄にも挑戦しています。

　この日取り組んでいたのは、むつ市のPRキャラクターである「ムッシュ・ムチュランⅠ世」。花や植物は多少ゆがんでも味が出るけれど、顔はそうはいかないそうで、ベテランのおふたりでも難しいと言います。
「こござ1本入れだほうが、よぐねが？」
「こっちおっぎぐね（大きくない）？」

　下北弁のやりとりをしながら、できあがった「ムチュラン」。ベテランでも、初めての柄を切る時は「切んのおっがねな」と緊張するそうです。いざ切ってみると、かわいい顔が登場しました。

「いいんでねーが？」。おふたりとも一安心の様子です。

　最近は若い人も多く習いに来たり、東京のフードイベントに招かれたりと、おふたりの活動は広がりを見せています。
「喜んでもらえるのが嬉しい」と語るおふたりの優しさ、温かさが、べこもちの魅力そのものなのだなと感じました。

第7章 四季の行事を楽しむ柄

お正月やクリスマス、子どものお祝いなど、
四季折々の行事に合わせて
ぜひ作ってみていただきたい柄です。
みんなで食べれば、話がはずみます。

祝い文字

★★★

辺を正確に作ることがポイント。バランスを見ながら組み立てます。圧着でずれないように注意してください。

材料

総量　180g
- 赤 …………………………………… 50g
- 白 …………………………………… 130g
（50g・20g・10g×5・5g×2に分割）

分解図

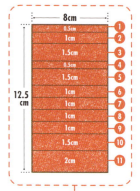

パーツを作る

赤50gを長さ8×幅12.5cmの板に伸ばし、上図のような長さに切り分ける。白生地を下記のように分ける。
❶ 10g→長さ8×幅1×高さ0.5cmの四角柱 ❷ 10g→長さ8×幅1×高さ1.5cmの三角柱 ❸ 5g→長さ8×幅0.5×高さ0.5cmの三角柱 ❹ 20g→長さ8×幅1.5×高さ1.5cmの三角柱 ❺ 10g→長さ8×幅1×高さ1cmの四角柱 ❻ 10g→長さ8×幅0.5×高さ1.5cmの三角柱 ❼ 5g→長さ8×幅0.5×高さ1.5cm前後の三角柱 ❽ 10g→長さ8×幅1.5×高さ0.5cmの四角柱 ❾ 白50g→長さ8×幅13cmの板にする（外周）。

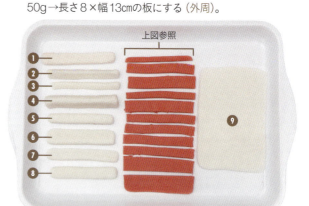

※写真のパーツの大きさ、形は目安であり、もちの特性を活かし形を調整しながら組み立てていきます。

組み立て

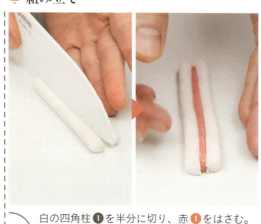

1 白の四角柱❶を半分に切り、赤❶をはさむ。

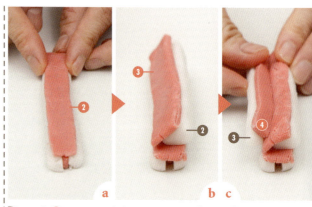

2 赤❷をのせる（**a**）。白の三角柱❷に赤❸をのせたものを少しずらして赤❷にのせる（**b**）。白の三角柱❸と赤❹をのせる（**c**）。

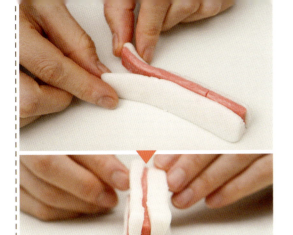

3) 白の三角柱❹を半分に切って赤❺をはさんだものを作り、**2**にのせる。

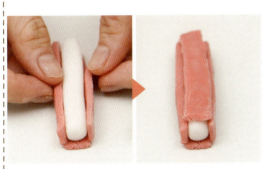

4) 白の四角柱❺を赤❻、❼、❽、❾4枚で囲む。

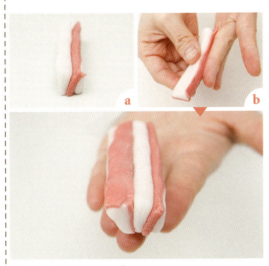

5) 白の三角柱❻と❼で赤❿をはさみ、ななめに形を作る（**a**）。白の四角柱❽の2辺に赤⓫を折り曲げるようにつける（**b**）。**a**と**b**を合体させる。

6) **5**を裏返し、はみ出した部分を包丁などで削って平らにする。

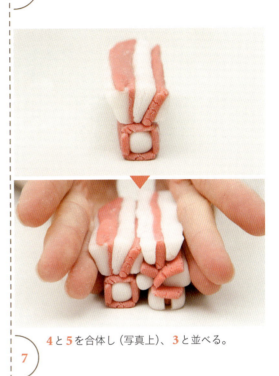

7) **4**と**5**を合体し（写真上）、**3**と並べる。

8) 白の板❾で包んで、各側面を手のひらで圧しながら伸ばしていく。

PINE TREE

松
★★★

伝統技法の松をアレンジしました。薄い板を重ねて表現する、上級テク。甘くない生地で作って、お正月料理に

材料
総量　400g
- 茶 ……………… 70g（50g・20gに分割）
- 緑 ……………… 50g
- 白 ……………… 280g
（105g・60g・30g・20g×2・15g・10g×3に分割）

分解図

パーツを作る

❶ 緑50gは3等分にして、それぞれ長さ8×幅2×高さ1cmの四角柱にして、それぞれ5枚の板に切り分ける（5枚1組）（松葉）。❷ 白60gは3等分にして、それぞれ長さ8×幅2×高さ1cmの四角柱にして、それぞれ6枚の板に切り分ける（6枚1組）（松葉の間）。❸ 白15gを3等分にして長さ8cmの円柱を3本作る（枝の間）。❹ 茶50gを長さ8cmの円柱にする（幹）。❺ 茶20gを長さ8×幅2×高さ1cmの四角柱にして、6枚の板に切り分ける（枝）。❻ 白105gは長さ8×幅14cmの板にする（外周）。❼ 白20g2本は、それぞれ長さ8×幅1×高さ1.5cmの楕円柱にする。❽ 白30gは長さ8×幅1×高さ1.5cmの楕円柱にする。❾ 白10g3つはそれぞれ長さ8×幅1×高さ1.5cmの楕円柱にする。

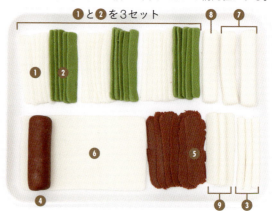

※写真のパーツの大きさ、形は目安であり、もちの特性を活かし形を調整しながら組み立てていきます。

組み立て

1 白❶と緑❷を、白から交互に重ねていき、上下に白があるようにする。これを3つ作る。重ねる際に、片側のラインを揃えること。

2 1のラインを揃えた側を指でつまんですぼめて扇状にする。

3) 茶の円柱❹を指で伸ばしながら、幹の形に造形する。底の幅は2.5cm程度が良い。

4) 白の楕円柱❼のひとつと白の楕円柱❾を幹の脇に置き、その上に茶の板❺をそれぞれのせる。茶色の板が幹にくっつくようにする。

5) ❷の松葉のすぼめた部分に茶の板❺をのせて、白5gの円柱❸をのせる。これを3つ作る。

6) ❹の上に❺で作った松葉を2つのせる。

7) 松葉の上に、白の楕円柱❾2本を薄くのばしてそれぞれ置き、茶の板❺をのせる。この時も幹の茶にくっつくようにする。

8) ❼の茶の板の上に3つ目の松葉をのせる。

9) すき間に白の楕円柱❼と❽を置いて、固定する。ここで全体がかまぼこ型になる様に成形する。

10) 白の板❻で包んで、かまぼこ型にして、全体を手のひらで圧しながら伸ばしていく。

KAGAMI-MOCHI

鏡もち

★★☆

お正月にぜひ作りたい柄。おもちの形をしっかりと楕円にして組み立てると見栄えが良くなります

材料

総量　250g
- ピンク……140g（70g・30g・20g×2に分割）
- 薄い茶………………………20g
- 緑……………………………10g
- オレンジ………………………5g
- 茶………………………………5g
- 白……………………………70g

分解図

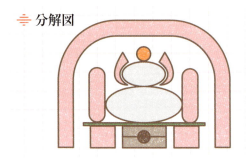

パーツを作る

❶ピンク20gで長さ8×幅1×高さ1cmの四角柱を2本作る。❷ピンク20gで長さ8×幅2cmの板を2枚作る（下段のもちの横）。❸ピンク30gを長さ8cmの円柱にして縦半分に切り、側面を押さえて三角柱にする（上段のもちの横）。❹ピンク70gを長さ8×幅14cmの板にする（外周）。❺茶5gを長さ8cmの円柱にする。❻オレンジ5gを長さ8cmの円柱にする。❼薄い茶20gを長さ8×幅1cm角の四角柱にする。❽緑10gを長さ8×幅4cmの板にする。❾白を50gと20gに分け、それぞれを長さ8cmの円柱にする。

組み立て

1 薄い茶❼を半分に切り、写真のように菜ばしなどでくぼみをつける。

2 茶❺をくぼみにはさみ、全体を密着させる。

3) **2**の両側にピンクの四角柱❶を置く。

4) 緑の板❽を**3**の上にのせる。

5) 白の円柱❾をそれぞれ少しつぶして鏡もちの形に整え、二段重ねる。

6) 鏡もちの上に、オレンジの円柱❻をのせ、ピンクの三角柱❸をオレンジを支えるように置く。

7) 下のもちの側面を支えるようにピンクの板❷を置く。

8) 全体をピンクの板❹で包み、全体を手のひらで圧しながら伸ばしていく。

富士山のべこもち

クールなブルーに
赤い日の出が
おめでたい雰囲気

桃の節句を祝う
かわいいおひなさまと
おだいりさま

ひな祭りのべこもち

四季の行事を楽しむ柄

富士山

★★★

雪のギザギザは、山側に切り込みを入れ作ったすき間に白を埋めます。太陽は土台で支えながら組むのがコツ

材料

総量 300g

- 青 …………………………… 90g
- 赤 …………………………… 20g
- 白 …………………………… 190g
 （150g・30g・10gに分割）

分解図

パーツを作る

❶青90gで長さ8cm×下辺5cm×上辺3cmの台形を作る。上辺に深さ0.5cm程度の切り込みを3か所入れ、さらに斜めに切り込みを入れて、3つの三角形を切り取る。a 白150gに切り取った青を混ぜて薄い青にする。薄い青160gを40g×2・30g×2・20gに分割する。❷薄い青30gを長さ8×幅2cmの四角柱にする（山頂の上）。❸薄い青30gを長さ8×幅1×高さ3cmの三角柱にする。❹薄い青40gを長さ8×幅1.5×高さ2cmの三角柱にする（太陽の下）。❺薄い青20gを長さ8×幅4cmの板にする（太陽の周り）。❻薄い青40gを長さ8×幅12cmの板にする（外周）。❼白10gを3等分にし、長さ8×幅0.5cmの三角柱を3本作る。❽白30gで長さ8×幅2cmの板を作る。❾赤20gを長さ8cmの円柱にする。

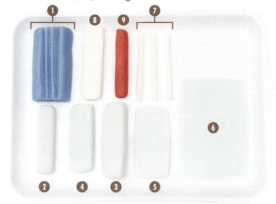

組み立て

1 青❶の三角の溝を、白の三角柱❼で埋める。富士山の形がきれいになるよう、上辺を約2cmにここで一度成形しておく。

2 1の上に、白の板❽を乗せ、しっかりと密着させる。

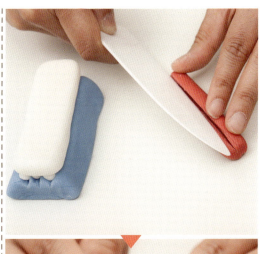

| 5 | 太陽の横に薄い青の四角柱❷を置く。 |

| 3 | 赤の円柱❾の1か所に包丁で少し切り込みを入れて、包丁を左右に動かし直角のくぼみをつくり、❷にのせる。 |

| 6 | 青の山の部分の両端にそれぞれ、薄い青の三角柱❹（赤の太陽の下）、薄い青の三角柱❸を置く。 |

| 4 | 薄い青の板❺で❸の赤を包むようにする。赤の丸みがつぶれないように全体を一度密着させる。 |

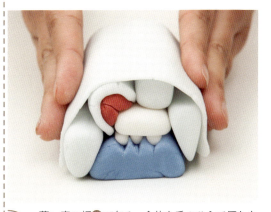

| 7 | 薄い青の板❻で包み、全体を手のひらで圧しながら伸ばしていく。 |

四季の行事を楽しむ柄

HINAMATSURI

ひな祭り
★★★

おひなさまとおだいりさまを1本で2つ作る方法です。目は最後にゴマなどをのせて、表情を作ってください

材料
総量 200g
- 薄いオレンジ ……………………… 30g
- ピンク ……………………………… 20g
- 青 …………………………………… 20g
- 黄 ………………… 20g（15g・5gに分割）
- 黒 ……………… 20g（10g・5g×2に分割）
- 白 ……………… 90g（50g・30g・10gに分割）

分解図

パーツを作る

❶黒10gを4×4cm四方の板にする（姫の髪）。❷黒5gを長さ4×幅1cmの板にする（殿の持ち物）。❸黒5gを長さ4cmの楕円柱にする（殿の髪）。❹黄15gを長さ8×幅2cmの板にする（土台）。❺黄5gを長さ4cmの三角柱にする（扇・姫の持ち物）。❻薄いオレンジ30gを長さ8cmの円柱にする（顔）。❼青20gを長さ4cmの円柱にする（殿の胴体）。❽ピンク20gを長さ4cmの円柱にする（姫の胴体）。❾白10gで長さ8cmの三角柱を2本作る。❿白30gで長さ8×幅5cmの板を2枚作る。⓫白50gで長さ8×幅12cmの板を作る（外周）。

組み立て

1 姫の胴体を作る。ピンク❽を1:2くらいに切り分け、大きい方の断面に切り込みを入れる。

2 さらに切り込みを入れ、黄❺の三角柱が入るように、ピンクを三角形に切り取る（切り取った部分は髪飾りになる）。

3 **1**で切り分けた小さな方を上にのせ、密着させる。

4 殿の胴体を作る。青❼を半分に切り、黒❷をはさむ。胴体の完成。

5 黒の板❶を2等分し、間に**2**で切り取ったピンクを長さをそろえて円柱にしてはさむ。

6 黄の板❹を土台にして、**4**の胴体2つの底を平らにしてのせる。

7 薄いオレンジの円柱❻をのせ、白の三角柱❾で支えるようにする。のせる位置に注意。殿の側の頭に、黒の楕円柱❸をのせる。

8 姫の側の頭に、**5**をのせて、顔を包むように成形する。白の板❿を左右に置き、安定させる。

9 白の板⓫で包み、圧着する。

10 全体を手のひらで圧しながら伸ばしていく。

四季の行事を楽しむ柄

こいのぼり
★★★

うろこは、胴体に竹串でしっかりとくぼみをつけると、くずれにくくなります。圧する大きさを変えると親子こいのぼりに

材料
総量　250g
青……120g（60g・30g×2に分割）
黒……3g
白……127g
（70g・22g・20g・10g・5gに分割）

分解図

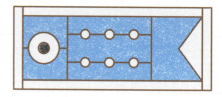

パーツを作る

❶青60gで長さ8×幅3×高さ2cmの四角柱を作る（胴体）。❷青30g2つで長さ8×幅3×高さ1cmの四角柱を2本作る（頭、尾）。❸黒3gを長さ8cmの円柱にする（目）。❹白5gを長さ8×幅2cmの板にする（目の回り）。❺白10gを6等分にして長さ8cmの細い円柱を作る（うろこ）。❻白70gを二等分し、長さ8×幅5cmの板を2枚作る。❼白20gを二等分し、長さ8×幅3cmの板を2枚作る。❽白22gで長さ8×幅3×高さ1cmの三角柱を作る（尾の間）。

組み立て

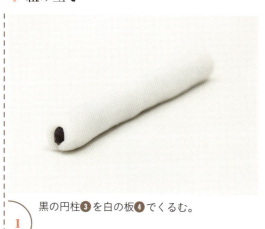

1　黒の円柱❸を白の板❹でくるむ。

2　青の四角柱❷の、幅3cmを半分に切って、写真のように断面の中心に菜ばしなどでくぼみをつける。

3 くぼみに**1**をのせ、閉じて形を整える。スケッパーを使って、角を四角く整える。頭の完成。

4 青の四角柱**1**を縦に三等分に切る。これらにうろこの白の円柱**5**をはさんで重ねて胴体を作る。

5 断面に竹串でくぼみを作り、白の円柱**5**3本をのせる。

6 片側にくぼみをつけた青をのせ(写真上)、さらにくぼみをつける(写真下)。

7 白の円柱**5**の残り3本をのせ、片側にくぼみをつけた青をのせ、形を整えながら、密着させる。胴体の完成。

8 青の四角柱**2**のもうひとつを、幅を保ったまま真ん中をへこませて、両端を持ち上げるようにし、指で形を整える。

9 **8**のくぼみに白の三角柱**8**を入れて、形を整える。尾の完成。

10 胴体、尾、頭を合体して、密着させながら、スケッパーで形を整える(写真上)。白の板**6**、**7**で周りを囲み側面を圧しながら伸ばしていく(写真下)。

四季の行事を楽しむ柄

ハロウィンの定番、かぼちゃのランタンをかわいいべこもちに！

ハロウィンのべこもち

今年のクリスマスは
カラフルなべこもちで
楽しい飾りつけ

クリスマスのべこもち

ハロウィン
★★★

口元のギザギザと、目の位置がポイント。
やや横長に成形するとかわいくなります。
かぼちゃパウダーで着色してもOK

材料
総量 250g
- オレンジ ······················· 170g
  (50g・30g・20g×2・10g×5に分割)
- 黒 ····························· 75g
- 緑 ······························ 5g

分解図

パーツを作る

黒75gで長さ8cmの円柱を作り、縦に6：4ぐらいに切る。❶大きいほうを少し手のひらでつぶす（口）。❷小さいほうは3等分して、長さ8cmの三角柱を3つ作る（目、鼻）。オレンジは50g、30g、20g×2、10g×5に分ける。❸オレンジ50gは、8×8cmの板にする（口の周り）。❹オレンジ10gは3等分してそれぞれ8cmの円柱にする（口のへこみ）。❺オレンジ20gは長さ8×幅4cmの板にする（頭の上）。❻オレンジ10gは長さ8×4cmの板にする（口の上）。❼オレンジ10g2つを半分に切り、側面を指で押さえて三角柱を2つ作る（鼻のすき間）。❽オレンジ20gは8cmの円柱にして、軽く手の平で押さえて楕円柱にする（目の間）。❾オレンジ10gは、長さ8cmの円柱にして、手の平で軽く押して楕円柱にする（鼻の横）。これを2本作る。❿オレンジ30gは長さ8cmの円柱にして半分に切り、側面を指で押さえて2つの三角柱を作る（目の横）。⓫緑5gを長さ10cmの円柱にして、軽く指でつぶす。

HAPPY HELLOWEEN

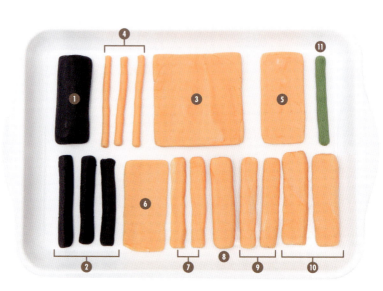

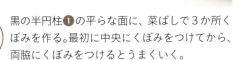
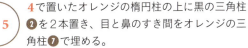

組み立て

1. 黒の半円柱❶の平らな面に、菜ばしで3か所くぼみを作る。最初に中央にくぼみをつけてから、両脇にくぼみをつけるとうまくいく。

5. 4で置いたオレンジの楕円柱の上に黒の三角柱❷を2本置き、目と鼻のすき間をオレンジの三角柱❼で埋める。

2. オレンジの円柱❹3本を、くぼみにのせる。

6. 鼻の上にオレンジの楕円柱❽をのせ、目の脇にオレンジの三角柱❿を置く。

3. 2をオレンジの板❸で包み、上にオレンジの板❻をのせる。

7. さらにオレンジの板❺をのせて、全体を手のひらで圧しながら伸ばしていく。

4. 中央に黒の三角柱❷を1つのせ、その両脇にオレンジの楕円柱❾をのせる。

8. 生地がしっかりと密着したら端を切り、頭の中央に包丁でくぼみを作り、緑の円柱⓫をのせて密着させる。

サンタクロース

★★★

ひげのモコモコ感を出すには、すき間を
きっちり埋めるのがコツ。目は後からつけ
て表情を楽しんで

材料

総量 250g
- 緑 …… 105g（45g・30g×2に分割）
- 赤 …………………………… 30g
- 薄いオレンジ ………………… 15g
- 白 …………………………… 100g
- 黒 ……………………… 適量（総量外）

分解図

パーツを作る

❶ 緑30gを長さ8×幅10cmの板にする（外周・下）。❷ 緑30gを長さ8×幅1.5×高さ1.5cmの四角柱にする。❸ 緑45gを半分にして、ひとつは8×8cmの板にする（外周・上）。❹ もう一つは、さらに半分にして、長さ8×幅2cmの板を2枚作る。**白100gは長さ8cmの円柱にする。** ❺ 縦半分に切って、半円柱にする（ひげ）。**半分にした白50gを30・17・3gに分割する。** ❻ 白3gを長さ8cmの円柱にする（帽子のポンポン）。❼ 白17gは長さ8×幅2.5cmの板にする（帽子のふち）。❽ 白30gは3等分して、それぞれ長さ8cmの円柱にし、さらに縦半分に切って、半円柱を6つ作る（ひげのもこもこ）。❾ 薄いオレンジ15gは長さ8×幅2.5cmの板にする（顔）。❿ 赤30gを長さ8×底辺2.5cmの三角柱にする（帽子）。

組み立て

1 緑の四角柱❷を7等分し、長さ8cmの三角柱を5つ作る。残り2枚は板のままにしておく。

2 白の半円柱❺に、白の細い半円柱❽を水で濡らしながらつける。

3 2の細い半円柱のすき間を1で作った緑の三角柱5本で埋めていく。

4 上下を反対にし、半円柱の上に、薄いオレンジの板❾、白の板❼を重ねる。

5 赤の三角柱❿をのせ、両脇を1で残った緑の板2枚で押さえる。

6 赤の帽子の回りに、緑の板❹を添わせる。板と板の間に白の円柱❻を置いて、板で支えるようにする。

7 緑の板❶の中心にヒゲの中心が合うようにのせて、下半分を包む。

8 緑の板❸で、上半分を包み、全体を手のひらで圧しながら伸ばしていく。ヒゲの曲線の密着を高めるように伸ばしていくときれいに仕上がる。

MERRY CHRISTMAS

目は、切り分けた後に、目の位置に竹串で穴を開けて、黒適量を穴に挿して押し込む。

四季の行事を楽しむ柄

113

クリスマスツリー

★★★

しっかりとくぼみをつけながら、ていねいに組み立てましょう。飾の色は好きな色でアレンジしても

材料

総量 250g

- 黄 ……… 105g（65g・20g×2に分割）
- 緑 ……… 80g（70・10gに分割）
- 茶 ……………………………… 30g
- 赤 ……………………………… 15g
- 白 ……………………………… 20g

分解図

パーツを作る

❶ 緑70gを長さ8㎝×幅4㎝の三角柱にする。❷ 緑10gを5等分して、それぞれ長さ8㎝の円柱にする。❸ 茶30gを長さ8×幅3×高さ1㎝の四角柱にする。❹ 黄20gを長さ8×高さ1㎝の四角柱にする（ツリーの土台）。❺ 黄20gを長さ8㎝の円柱にして、縦に2等分し、側面を指で押さえて、三角柱を2本作る。❻ 黄65gを長さ8×幅14㎝の板にする（外周）。❼ 赤15gを6等分して、それぞれ長さ8㎝の円柱にする。❽ 白20gを長さ8×幅7㎝の板にする。

組み立て

1　ツリーの台を作る。茶の四角柱❸と、黄の四角柱❹を、それぞれ斜めに2等分し、茶と黄の断面を写真のように合わせる。

2　ツリーを作る。緑の三角柱❶を同じ厚みで写真のように大中小3つのパーツに切る。

③ 菜ばしなどで、大のパーツ上部に3つ、中のパーツ上部に2つくぼみをつける。

④ 白の板❽を幅4cmと幅3cmに切り分け、緑のくぼみに沿わせるようにそれぞれ敷く。

⑤ ④で作った大と中のパーツの計5つのくぼみに緑の円柱❷を置いてなじませる。

⑥ さらに緑の円柱の上に、赤の円柱❼をのせる。

⑦ ⑥で作ったパーツを積み上げて、最後に緑の小のパーツを重ね、全体をしっかりと密着させる。

⑧ ①のツリーの台に、⑦のツリーを重ねる。

⑨ ツリーの頂点に残りの赤の円柱❼を置き、黄色の三角柱❺2つで、写真のように固定する。

⑨ 黄の板❻で包んで、全体を手のひらで圧しながら伸ばしていく。

プレゼント ★★★

包丁で切った断面を外側にすることできれいな四角が作れます。結んだリボンの形がポイント

材料

総量 250g

- 緑 ………………………………… 100g
- 赤 ………… 50g（35g・15gに分割）
- 白 ………………………………… 100g
- （50g・15g×2・10g・5g×2に分割）

分解図

パーツを作る

❶ 緑100gを長さ8×幅3×高さ3cmの四角柱にする。❷ 赤15gを長さ8×幅4cmの板にし、2等分する（リボンの輪）。赤35gを2等分し、❸ 1つを長さ8×幅3cmの板にする（リボン）。❹ もうひとつの赤は長さ8×幅3.3cmの板にする（リボン）。❺ 白5gを長さ8cmの円柱に、縦に2等分する（リボンの輪の中）。❻ 白15gを長さ8×幅2cmの三角柱にする（リボンのすき間・上部）。❼ 白15gを長さ8×幅3.5cmの板にする（土台）。❽ 白10gを長さ8cmの円柱にして、縦に2等分する。❾ 白5gを長さ8cmの円柱にして、縦に2等分する（リボンの土台）。❿ 白50gを長さ8×幅14cmの板にする（外周）。

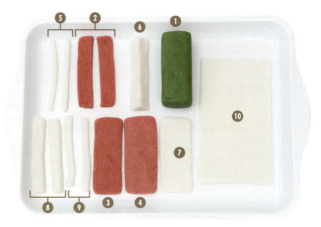

組み立て

1 緑の四角柱❶を半分に切り、切り口を外側にして赤の板❸をはさむ。

2 1を半分に切り、また切り口を外側にして赤の板❹をはさむ。※リボンの十字が完成。

3 スケッパーできれいな四角に形を整える。

7 白の三角柱❽で、リボンの輪の両脇のすき間を埋める。

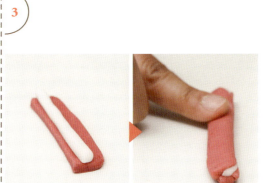

4 白の円柱❺を赤の板❷で包む。同じものを2本作る。指で側面を押してリボンの輪の形にする。

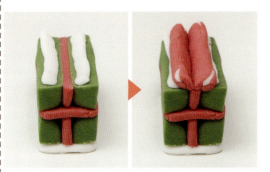

5 白の板❼の上に**3**を置き、白の三角柱❾を薄くして、中心のリボンに触れないように置き、**4**のリボンの輪を箱のリボンに付ける。

8 白の板❿で包んで、全体を手のひらで圧しながら伸ばしていく。

6 白の三角柱❻でリボンの輪のすき間を埋める。

\ PRESENT FOR YOU /

TIPS TO ENJOY

ちいさなべこもち
楽しみ方のヒント
no.7 + 8

CHRISTMAS DINNER **クリスマスの鍋**

クリスマスのごちそう

鍋料理の具に、ちいさなべこもちを。和風の鍋はもちろん、洋風のトマト鍋にクリスマス柄を入れれば、楽しいクリスマスディナーに。料理用に甘みを減らしたべこもちを作っておくと良いですが、ほんのり甘いのもおいしいですよ。

HOT MEAL 力うどん

温かな夜食に

スープやうどん、そばなどに、ちいさなべこもちをトッピング。夜食には、べこもちの力うどんはいかがでしょう。見た目も楽しく、お腹も満たされて、もうひと頑張りできそう。

TIPS TO ENJOY

ちいさなべこもち
楽しみ方のヒント
no.9+10

NEW YEAR DISH **お雑煮**

お正月のお雑煮に、ちいさなべこもちをあしらってみませんか？「祝」文字や「富士山」「鏡餅」など、お正月にぴったりな柄を選んで楽しんでください。見た目が華やかになって、お祝い気分が盛り上がります。

お雑煮の飾りに

SPRING CELEBRATION ひな祭りのお吸い物

ひな祭りのべこもちを、はまぐりのお吸い物にのせて。ひなあられのような色合いもかわいらしく、子どもたちの成長を祝う、楽しい食事の席にぴったりです。きっと幼い頃の良い思い出となるでしょう。

ひな祭りに

TIPS TO ENJOY
ちいさなべこもち 楽しみ方のヒント
no. 11 + 12

HALLOWEEN PARTY ハロウィン

ハロウィンパーティー

楽しいハロウィンのディナーに、かぼちゃ風味のチーズフォンデュはいかがでしょうか？かぼちゃペースト入りのチーズソースに、ハロウィン柄のべこもちや、野菜、パンなどをくぐらせて楽しみます。

SWEETS TIME おしるこ

ゆであずきに、白玉の代わりにちいさなべこもちをのせて。とてもシンプルな食べ方ですが、ホッとする味わいで、見た目も華やか。ゆであずきも自家製にすれば、優しい甘さが楽しめます。

白玉の代わりに

NAOMI AKIYAMA

著者プロフィール
秋山直美 あきやま なおみ

福島県出身。株式会社COOK ART 代表取締役。「かわいい」をテーマにした料理教室「23番地COOK」主宰。一般社団法人FOOD ART JAPAN理事。年間のべ1500人以上の生徒に料理を通してのコミュニケーションを提案。単なる料理の技術を学ぶためだけの教室ではなく、「感動」を持ち帰ってもらい、友達や家族に笑顔を届けてもらえるようなレッスンを展開。「ローカルフードをグローバルフードに！」という視点での地方再生、海外観光客に日本文化を愉しんでもらう企画など、多方面で活躍中。

23番地COOK
～人と料理の交差点～

プライベートレッスンから出張レッスン、1日100名の大規模レッスンまで対応。お料理はコミュニケーションをポリシーに、笑顔と熱気にあふれるレッスンを行っている。

運営会社
株式会社COOK ART
〒111-0052 東京都台東区柳橋1-29-7
五十栄ビル701
☎ 03-5809-3749
メール akiyama@cookart.co.jp
ホームページ http://cookart.co.jp

KAWAII BEKOMOCHI

カリキュラム制作・協力スタッフ
仲村佳栄、西澤善子、
東　薫、山宮友美（五十音順）

撮影協力
・UTUWA
・AWABEES
・大地を守る会

大地宅配

制作協力スタッフのみなさんと

一般財団法人
生涯学習開発財団 認定 「デコもち認定講座」について

教室一覧は次ページ

　太巻き寿司のように切っても切っても断面に絵柄が現われる、青森県の下北半島に伝わる郷土菓子「べこもち」。その優しく素朴な味わいを広く楽しんでもらえるよう、現代風のかわいらしい絵柄にアレンジして「デコもち」とネーミングし、講座を通して伝統的なテクニックとさまざまなメニューへの取入れ方をご紹介いたします。なお、受講終了後は、インストラクターとして活躍することもできます。
　全国に教室がありますので、次ページを参照ください。お近くにお教室がない場合は、右記までお問い合わせください。

楽習フォーラム／
㈱オールアバウトライフワークス
〒150-0013 東京都渋谷区恵比寿1-20-8
エビススバルビル6階
フリーダイヤル 0120-560-187
FAX 03-6683-7996
メール d-mochi@gakusyu-forum.net
ホームページ
http://www.gakusyu-forum.net/

一般財団法人生涯学習開発財団 認定 「デコもち認定講座」が学べる全国の教室一覧

都道府県	主宰者氏名	お教室名	市区町村
北海道			
北海道	みーやん	わくわく♪デコ巻きずし&デコもち教室	全道各地
東北			
宮城県／岩手県	菅原 幸枝	デコもち教室	気仙沼市／一関市
宮城県	幸 まきこ	デコもち仙台泉教室	仙台市
青森県／岩手県／埼玉県	梅村 里美	アトリエ Apricot	弘前市、青森市、八戸市／盛岡市／戸田市
福島県	くろさわ まさこ	M's かふぇ	福島市、県内全域（出張応相談）
福島県	芳賀 栄子	巻きずし工房	郡山市
福島県	境田 美代子	ホビー工房 SAKAIDA	郡山市
関東			
茨城県	小春（野口みはる）	小春さんのデコもち教室	かすみがうら市
茨城県	出津 有理	Deco roll	牛久市、その他近隣エリア
茨城県／千葉県	なかむら みちこ	HAPPYROLL	全域
栃木県、県南近隣の県	おの まなみ	Challenge DECO	栃木市、小山市、足利市、鹿沼市、近隣の市
埼玉県	金井 正子	RoseHeart	鴻巣市
埼玉県	岡崎 曜子	maki-maki-caf'e	さいたま市、狭山市
埼玉県	東 薫	Soba de Cafe とら吉 蕎麦屋の女将のデコもち教室	熊谷市、県内全域
埼玉県	松本 綾子	可愛いデコもち教室	伊奈町、県内全域
埼玉県	下山 美奈子	クラフトハウス Rose Mi-	さいたま市
埼玉県	河西 佐知子	きりくち楽しいデコもち教室	北足立郡伊奈町、その他近隣
千葉県	広島 紀子	デコ巻きずし デコもち教室「Nori」	浦安市
千葉県／中国／鹿児島県／長崎県	つちはし しょうこ	可愛いを食卓へ♥デコもち、きってもパン、デコ巻き寿司教室 LunchBox	八千代市、印西市、佐倉市、習志野市／上海市／鹿児島市、薩摩川内市／長崎市
神奈川県	中田 典子	アトリエ バンビーニ	鎌倉市
神奈川県	稲垣 多佳子	子連れで楽しむ巻き寿司&デコもち教室「ひだまり cafe」	横浜市港北区
神奈川県／東京都	前田 恵美	えみちゃん流『簡単おいしい和の楽しみ方』	横浜市旭区、市内全域／都内全域
東京都	吉澤 佳栄	Life garden	大出区、都内全域、横浜近郊
東京都／千葉県	まつきお	巻きずし・デコもち教室 Ryu-Ryu	千代田区／千葉市美浜区
東京都	秋山 直美	23番地 COOK～人と料理の交差点	台東区、出張応相談
東京都	星野	鶴の木の木 デコもち教室	大田区
東京都	横山 紫穂	Creation by Hands Shi-ko	品川区
東京都	梅原 輝美	Fan-deco	台東区
東京都	長沼 よしえ	おうちごパン教室 のぶの玉手箱	西東京市、出張応相談
東京都	鶴見 美子	Miko's Joyful Roll	新宿区、港区
東京都／山梨県／埼玉県／神奈川県	樽本 芸	an ARt	八王子市、都内全域／近隣地域
東京都／神奈川県	もとやま ゆうこ	H*M*S BEE	町田市／相模原市
東京都／千葉県	お菓子教室聞寿庵	お菓子教室聞寿庵	渋谷区／佐倉市
東京都／栃木県／神奈川県／近郊県（出張可能）	西澤 善子	ぜんこの maki＊maki＊教室	八王子市、都内全域／近隣地域
山梨県	沼田 美奈	mimieden	甲府市、甲州市
中部			
静岡県	泉谷 有美	ゆかし工房	榛原郡、島田市、藤枝市、静岡市
関西			
滋賀県	巻子・デラックス	巻き巻き教室・八日市	近江八幡市、東近江市、彦根市
大阪府	桃 巻子	桃巻子の出張講習	出張講習
大阪府	ALOHA deco 米粉（maico）	Anela Blue（アネラブルー）	八尾市
大阪府	瀬戸 康子	デコもち教室	豊中市
大阪府	とよの巻子	デコもち教室「とよの」	豊能郡
大阪府／兵庫県	のぶはら まさよ	でこたまスタジオ	池田市、豊中市、吹田市、箕面市、大阪市
兵庫県	コマキ	orange＊bird- デコもち教室	三木市
兵庫県	堀田 真美子	ぶどうの木	姫路市
兵庫県	多木 佐瑤子	STUDIOCOLOR CookingClass	神戸市中央区三宮、元町
兵庫県／大阪府／東京都／静岡県／沖縄県／新潟県	プリザ巻美	一般社団法人ユニバーサルデザイナーズ協会	兵庫県内／大阪府内／東京都内／静岡県内／宮古島・石垣市／新潟市・長岡市
奈良県	山中 絵里	和菓子サロン 一絵（いちえ）	香芝市、橿原市、奈良市
奈良県	青山 さおり	きんぎょ café ～柳楽屋	大和郡山市、磯城郡田原本町
奈良県	蓬田 真理子	よもち庵	橿原市、出張教室
九州			
大分県	小野 かおる	デコもち教室	大分市

TEL	FAX	メールアドレス	最寄り駅	HP
090-8638-3097	011-643-7627	kojika@bambic.net	札幌駅	http://bambic.net
090-7525-0305		syukie@k-macs.ne.jp	気仙沼駅	
090-2976-9915		sachimakiko@gmail.com	泉中央駅	http://libera-park.com/
090-7337-1234	0172-34-8986	apricot_satomi_3103@@yahoo.co.jp	弘前駅、青森駅、本八戸駅、盛岡駅、戸田公園駅	http://ameblo.jp/satomiapricot
070-5621-9921	024-548-5640	masakobuta@i.softbank.jp	福島駅	http://ameblo.jp/fujimarunrun/
080-1061-7142		o8o10617142@docomo.ne.jp	郡山駅	
090-7932-2172	024-961-3877	mhobby-art52sakaida@docomo.ne.jp	郡山駅	
090-2413-3568		makimonogucchi@gmail.com	神立駅	http://ameblo.jp/makimono-goo/
		newrice.decoroll@gmail.com	牛久駅	http://ameblo.jp/newrice-decoroll/
080-5032-1668		happyroll.michi@gmail.com	東葉高速鉄道・新京成線・JR京葉・JR常磐線・TX線沿線 ほか	http://happyroll.jp/
090-2655-9158		yqqn.88.mnpn@docomo.ne.jp	栃木駅、新大平下駅 など	http://profile.ameba.jp/manasuke-8/
090-9962-4025	048-548-5748	rose_heart@skyblue.ocn.ne.jp	吹上駅	http://rose-heart.net
090-4716-3990	048-706-2126	hi.ro-yo.ko-0113@docomo.ne.jp	浦和駅	http://ameblo.jp/maki-maki-yoko
048-538-8990	048-538-8990		熊谷駅	https://www.facebook.com/Soba-de-Cafe-とら吉-339463719548899/
090-5401-6528		mtmtayk75@gmail.com	丸山駅（埼玉新都市交通）、大宮駅、久喜駅、春日部駅、羽生駅、三郷駅	
090-6031-5938		TIBI-1@jcom.home.ne.jp	大宮駅　北区役所前バス停	
050-3550-3153		k24315chan@gmail.com	蓮田駅、丸山駅（埼玉新都市交通）	
090-8490-2972		noriko_aristo@t.vodafone.ne.jp	舞浜駅	
		lunchbox-yachiyo@gmail.com	八千代中央駅、八千代台駅	
090-5563 2154	050-3730-8809	atelier-bambini@tuba.ocn.ne.jp	大船駅	
090-1553-2990		hidamari-cafe@email.plala.or.jp	大倉山駅	http://ameblo.jp/hidamarimaking
080-5646-5029		emi29emi29@gmail.com	鶴ヶ峰駅、西谷駅、鴨居駅、中山駅	http://emi-chan.jp/
090-5786-3040		yoshie_lifegarden@icloud.com	大森駅、西馬込駅	http://ameblo.jp/yoshie-38
090-4919-8687		kio.x.x.x.kio@gmail.com	市ヶ谷駅、検見川浜駅	http://ameblo.jp/kio-ryu-ryu/
03-5809-3749		akiyama@cookart.co.jp	浅草橋駅	http://cookart.co.jp
090-1737-1825		taneyuko@gmail.com	鵜の木駅	http://s.ameblo.jp/unokinoki/
090-7241-1311		hands.shi.ko@gmail.com	五反田駅、不動前駅	
080-6713-6949		Ryan-hiro@i.softbank.jp	鶯谷駅、入谷駅（日比谷線）	
050-3053-3924	050-3053-3924	ouchigopan@nobunodaidokoro.com	田無駅、ひばりが丘駅	http://www.nobunodaidokoro.com/
		tsurumiko8@gmail.com	新宿御苑前駅、曙橋駅、麻布十番駅	
090-1667-0619		anart.888888@gmail.com	八王子駅、京王八王子駅	http://www.geocities.jp/cafe_888888/anart/
		1dayshop@live.jp	町田駅（小田急線）、古淵駅	http://ameblo.jp/hms-bee/
090-4537-8491	03-6804-8250	tamtam9999@gmail.com	代々木上原駅、勝田台駅	http://ameblo.jp/mt11159030/
042-638-8184	042-638-8184	maki.maki.zenko gmail.com	八王子みなみ野駅	http://ameblo.jp/maki-maki-zenko
090-4723-8210	0553-33-2117	mimieden21@yahoo.co.jp	甲府駅、塩山駅	
090-9029-1590	0547-59-2958	yukasikoubou @gmail.com	静岡駅、島田駅、藤枝駅	http://s.ameblo.jp/skylove0207
090-2358-3557	0748-24-2853	ohana120731@i.softbank.jp	近江八幡駅（JR）、能登川駅	
090-2060-2425	06-6753-7474	uepy104@ezweb.ne.jp	出張講習	
080-5350-0938		anelablue@i.softbank.jp	志紀駅	http://ameblo.jp/anelablue/
090-1442-3473		yasuko03111002@docomo.ne.jp	桃山台駅	
090-5054-8165	072-734-2191	twtsk28@mail.goo.ne.jp	山下駅（能勢電鉄）	
090-8577-9895		decotama@enjoy.zaq.jp	池田駅（阪急電鉄宝塚本線）	
080-5322-5187		m.komakimaki87@gmail.com	三木上の丸駅	http://ameblo.jp/tiger1577/
090-2011-5788		budounoki.mamiko@docomo.ne.jp	姫路駅（JR）	
090-1420-2733		info@studiocolor.jp	三ノ宮駅、元町駅	http://www.studiocolor.jp/
0120-55-3784		ud@seika-co.jp	芦屋駅、大阪駅、池袋駅、静岡駅、長岡駅、新潟駅、おもろまち駅	http://u-ds.jp/
090-2101-9509		eririn-59-nirire@docomo.ne.jp	二上駅、二上山駅	http://ameblo.jp/the-pure-peach/
090-1225-6623		kirari-7716@docomo.ne.jp	郡山駅、近鉄郡山駅	ameblo.jp/kirari7716
		mrk@tyomogida.com	新ノ口駅	
		chouchou1616@hotmail.co.jp	大分駅	

※教室データは2016年8月現在のものです。

スタッフ

撮影・安倍まゆみ
アートデレクション、デザイン・大橋麻耶
スタイリング・細井美波
編集・菅野和子

協力・大畑町こぶし生活改善グループ、むつ市、
(株)オールアバウトライフワークス

下北半島のおばあちゃんに教わった素朴なおやつ
郷土の柄からかわいいアレンジまで

切ったら絵が出る ちいさなべこもち

2016年8月20日発行
NDC 596

著 者　秋山直美
発行者　小川　雄一
発行所　株式会社誠文堂新光社
　　　　〒113-0033
　　　　東京都文京区本郷3-3-11
　　　　[編集]電話　03-5805-7285
　　　　[販売]電話　03-5800-5780
　　　　http://www.seibundo-shinkosha.net/

印刷・製本　図書印刷株式会社

© 2016, Naomi Akiyama.
Printed in Japan
検印省略

万一落丁、乱丁の場合は、お取り替えいたします。本書掲載記事の無断転用を禁じます。
また、本書に掲載された記事の著作権は著者に帰属します。これらを無断で使用し、展示・販売・レンタル・講習会等を行うことを禁じます。

本書のコピー、スキャン、デジタル化等の無断複製は、著作権法上での例外を除き、禁じられています。
本書を代行業者等の第三者に依頼してスキャンやデジタル化することは、たとえ個人や家庭内での利用であっても、著作権法上認められません。

R〈日本複製権センター委託出版物〉
本書を無断で複写複製(コピー)することは、著作権法上での例外を除き、禁じられています。
本書をコピーされる場合は、事前に日本複製権センター(JRRC)の許諾を受けてください。

JRRC　http://www.jrrc.or.jp/　E-Mail: jrrc_info@jrrc.or.jp　☎03-3401-2382
ISBN 978-4-416-61695-6